Q&A
判断の難しい
法人税実務

貸倒損失
貸倒引当金

今井 康雅 著
Yasumasa Imai

税務経理協会

はしがき

　バブル経済崩壊における不良債権の処理が一段落したところで，2008年9月にはいわゆるリーマンショックにより企業業績は悪化，とりわけ中小企業においては業績の悪化が著しい状態にあるにもかかわらず，今年には新たにギリシャの財政危機などから円高基調になり日本企業はますます厳しい事態になってきています。

　そのため，新たに不良債権が発生する状況になってきており，従来にも増して不良債権処理は重要な問題になってきています。

　そこで，本書は，前半で貸倒損失，個別評価金銭債権に係る貸倒引当金，一括評価金銭債権に係る貸倒引当金，組織再編成に係る貸倒引当金，債務者に法的整理等があった場合の債権者の税務上の取扱いについての概要について記載し，後半では貸倒損失，個別評価金銭債権に係る貸倒引当金，一括評価金銭債権に係る貸倒引当金，組織再編成に係る貸倒引当金についての具体的な設問を合計50問を設け，仕訳，別表等を含め解説していくことにします。

　その際，制度の概要と具体的な設問との関連を明らかにするために，制度の概要部分にそれに関連するQ＆AのQ番号を記載しております。

　本書が法人税の実務に携わる方々のお役にたてば幸いです。

　なお，本書の内容は平成22年6月30日現在の法令等に基づいて記載しています。

　また，本文中の法令，通達等に下線が引いてある部分は筆者が引いたものです。

　最後になりましたが，本書の出版にあたり，お世話になった株式会社税務経理協会の小林規明氏に心からお礼を申し上げます。

平成22年10月

著　者

目　　次

はしがき

基礎解説編

第1章　貸倒損失 …………………………………………………… 3

1　貸倒れの概要………………………………………………………… 3
2　金銭債権の全部又は一部の切捨てをした場合の貸倒れ……… 4
3　回収不能の金銭債権の貸倒れ…………………………………… 5
4　一定期間取引停止後弁済がない場合等の貸倒れ……………… 6

第2章　個別評価金銭債権に係る貸倒引当金 … 7

1　概　　　要…………………………………………………………… 7
2　個別評価金銭債権に係る貸倒引当金の繰入限度額…………… 7

第3章　一括評価金銭債権に係る貸倒引当金 …17

1　一括評価金銭債権とは……………………………………………17
2　一括評価金銭債権に係る貸倒引当金の繰入限度額の計算……20
3　個別評価金銭債権に係る貸倒引当金と一括評価金銭債権に係る
　　貸倒引当金との関係………………………………………………25

第4章 組織再編に係る貸倒引当金 ……27

1　適格分割等による期中個別貸倒引当金勘定の繰入れ……27
2　適格分割等による期中一括貸倒引当金勘定の繰入れ……28
3　適格組織再編成が行われた場合における貸倒引当金勘定の引継ぎ……29
4　適格組織再編成が行われた場合における貸倒実績率の算定……30

第5章 債務者に法的整理等があった場合の債権者の税務上の取扱い …33

1　債務者に再生計画認可の決定があった場合……33
2　債務者に更生計画認可の決定があった場合……35
3　債務者に特別清算に係る協定の認可の決定があった場合……37
4　債務者に破産手続の終結があった場合……39
5　債務者に私的整理があった場合……41
6　書面による債権放棄……43

Q＆A編

Q1　金銭債権の一部が更生計画認可の決定で切り捨てられたが，翌期に貸倒損失の会計処理を行った場合……47

Q2　再生計画認可の決定において，一定の分割返済が終了した時点で消滅する金銭債権の貸倒損失の計上時期……52

Q3　非更生債権の貸倒れの計上時期……57

Q4　ゴルフ会員権の預託金の一部が再生計画認可の決定により切り捨てられた場合……60

Q5　ゴルフ会員権の預託金の一部が再生計画認可の決定により切

目　　次

り捨てられた場合において，預託金の取得価額が会員権記載の額面の預託金額を下回る場合の貸倒損失金額……………67

Q6 破産手続の終結決定があった場合の貸倒損失………………70

Q7 特定調停により債権放棄することとなった場合に，法人税基本通達9－6－1(4)に該当し貸倒損失の計上はできるのか…………73

Q8 法人税基本通達9－6－1(4)の「債務者の債務超過の状態が相当期間継続し，」の「債務超過」とは簿価ベースか時価ベースのいずれで判断するのか……………………………………78

Q9 法人税基本通達9－6－1(4)の債務者の債務超過の状態の「相当期間継続」とは何年債務超過の状態が継続していればよいのか……………………………………………………81

Q10 債務者の資産状態等を検討しないで行った債務免除…………84

Q11 当期に債権放棄を行ったが，経理部への連絡が遅れ会計処理が翌期になった場合に貸倒損失の計上時期は会計処理を行ったときか……………………………………………………87

Q12 債権の一部の貸倒れは認められるか……………………………92

Q13 破産手続の終結決定前に貸倒損失の計上ができる場合があるか……………………………………………………………98

Q14 翌期に利益の計上が見込まれる場合に貸倒損失の計上時期を翌期にできるか………………………………………………101

Q15 担保物からの回収可能額が僅少の場合に貸倒れは認められるか………………………………………………………………104

Q16 貸倒損失の計上は保証人が破産手続開始の申立てを行った場合に認められるか……………………………………………109

Q17 貸倒れの対象となる保証債務の求償権は債権者が履行請求された時点で発生するか…………………………………………114

Q18 債務者が倒産し，期末現在，期日未到来の受取手形について貸倒損失の計上はできるのか………………………………118

Q19	債務者の資金状況，支払能力等が悪化したためその取引を停止した時以後1年以上経過した場合に貸倒損失の計上はできるか ……………………………………………………………120
Q20	価格交渉が合意に至らなかったため取引を停止した時以後1年以上経過した場合に貸倒損失の計上はできるか ……………122
Q21	未収請負工事代金について取引を停止した時以後1年以上経過した場合に貸倒損失を計上することができるのか ………124
Q22	新規取引先との取引が単発で取引を停止した時以後1年以上経過した場合に貸倒損失は計上できるのか ………………126
Q23	取引を停止した時以後1年以上経過した売掛金について担保物からの回収可能額がわずかの場合に貸倒れの計上はできるか ……………………………………………………………128
Q24	更正計画認可の決定において「5年を経過する日までに弁済されることとなっている金額以外の金額」とは ……………131
Q25	特定調停において弁済期限の延長等が行われた場合に法人税法施行令96条1項1号の適用はあるのか ………………136
Q26	法人税法施行令96条1項1号の規定による「5年を経過する日までに弁済されることとなっている金額以外の金額」は毎期減少するのか ……………………………………………140
Q27	再生手続の開始の申立てと再生計画認可の決定が同一事業年度中にあった場合にいずれの規定を適用すべきか ……………146
Q28	再生計画認可の決定後に発生した売掛金は一括評価金銭債権に係る貸倒引当金の繰入れの対象金銭債権となるか ………153
Q29	担保物の処分に日時を要する場合に法人税法施行令96条1項2号の規定による個別評価金銭債権に係る貸倒引当金繰入れは可能か ……………………………………………………159
Q30	法人税法施行令96条1項2号の規定による債務超過状態の相当期間継続等による一部回収不能額を理由とする個別評価金

銭債権に係る貸倒引当金の繰入れの算定において，親会社の人的保証があるが，当該親会社が更正手続開始の申立てを行っている場合に当該人的保証を考慮する必要があるか …………162

Q31 法人税法施行令96条1項3号の規定による個別評価金銭債権に係る貸倒引当金の繰入限度額の算定において，保証人である代表者からの回収可能額を考慮すべきか ……………………166

Q32 債務者に対して複数の金銭債権を有する場合に金銭債権ごとに一括評価金銭債権と個別評価金銭債権を選択できるか …………169

Q33 更生手続開始の申立てにおいて更生担保権の届出をした場合の貸倒引当金の繰入れ ……………………………………172

Q34 法人税法施行令96条1項3号の規定による手形交換所による取引停止処分を理由とする個別評価金銭債権に係る貸倒引当金の繰入限度額の算定において，親会社の人的保証がある場合に当該人的保証を考慮して回収可能額を考慮する必要があるか ……………………………………………………………176

Q35 期末に取引先に第1回目の手形不渡りが発生し，翌期の確定申告期限までに手形交換所による取引停止処分があった場合の貸倒引当金の繰入時期 ………………………………179

Q36 法人税法施行令96条1項3号の規定による手形交換所による取引停止処分を理由とする個別評価金銭債権に係る貸倒引当金の繰入れの算定において，担保として債務者の親会社からの手形を受け取っている場合に当該担保を控除する必要があるか ……………………………………………………………182

Q37 法人税法施行令96条1項3号の規定による手形交換所による取引停止処分を理由とする個別評価金銭債権に係る貸倒引当金の繰入限度額の算定において，債務者に対して振り出した支払手形がある場合に当該支払手形に相当する金額を控除して算定する必要があるのか …………187

Q38	一括評価金銭債権に係る貸倒引当金の繰入限度額の算定における主たる事業の判定 ……………………………………193
Q39	ゴルフ会員権の相場が50％以上下落した場合に貸倒引当金の計上は認められるのか ……………………………………197
Q40	ゴルフ場を経営する法人が法人税法施行令96条1項3号の規定による再生手続開始の申立てを行った場合に，当該ゴルフ会員権（預託金制）は貸倒引当金の繰入れの対象となるか ………202
Q41	ゴルフ場を経営する法人に破産手続開始の決定があった場合に当該ゴルフ会員権（預託金制）は貸倒引当金の繰入れ対象となるのか ………………………………………………207
Q42	ゴルフ会員権を預託金の額面より高く購入し，その後当該ゴルフ会員権が分割された場合に償還損が計上できるか …………210
Q43	長期大規模工事について工事進行基準を適用した場合の未収入金は一括評価金銭債権の対象として貸倒引当金の繰入れはできるのか …………………………………………………214
Q44	保証債務の求償権は債権者から履行請求された時点で一括評価金銭債権に係る貸倒引当金の対象となり貸倒引当金の繰入れができるのか ………………………………………………217
Q45	一括評価金銭債権に係る貸倒引当金の繰入額の計算における「実質的に債権とみられない部分」の金額の算定の方法は毎期継続適用を要するか …………………………………………221
Q46	確定申告において一括評価金銭債権に係る貸倒引当金の繰入額の計算を法定繰入率で行ったが，修正申告する際に貸倒実績率で計算することは認められるか ……………………………225
Q47	一括評価金銭債権に係る貸倒引当金の繰入限度額を計算する場合における貸倒実績率を算定する場合において，子会社支援のために行った債権放棄損は貸倒実績率の分子に含めることができるのか ……………………………………………229

目　次

Q48 合併法人の一括評価金銭債権の貸倒実績率を算定する場合において，被合併法人に一括評価金銭債権や貸倒損失等がなくても被合併法人の事業年度数及び月数を含めて計算することとなるのか ……………………………………………………232

Q49 新設法人には一括評価金銭債権に係る貸倒引当金の繰入限度額の計算において貸倒実績率が適用できないのか ………235

Q50 一括評価金銭債権の帳簿価額から控除する「実質的に債権とみられないものの金額」として抵当権が設定されている担保物からの取立て等の見込額を控除する必要があるか ………239

資料編

関係法令（抄）………………………………………………………245

基礎解説編

第1章 貸倒損失

1 貸倒れの概要

　内国法人の各事業年度の所得の金額は，当該事業年度の益金の額から当該事業年度の損金の額を控除した金額とされており，内国法人の各事業年度の所得の金額の計算上当該事業年度の損金の額に算入すべき金額として，当該事業年度の損失の額で資本等取引以外の取引に係るものがあります（法法22③三）。

　当該法人の有する金銭債権が貸倒れとなった場合には，当該損失の額に該当して損金の額に算入されることになります。

　この金銭債権の貸倒れに係る判断基準として，法人税基本通達がありますが，概要は次のとおりとなっています。

(1) 金銭債権の全部又は一部の切捨てをした場合の貸倒れ

　更生計画認可等の決定又は法令の規定による整理手続によらない関係者の協議決定などで金銭債権の全部又は一部の切捨てをした場合には，その金額は損金の額に算入されることとされています（法基通9－6－1）。

(2) 回収不能の金銭債権の貸倒れ

　法人の有する金銭債権につき，その債務者の資産状況，支払能力等からみて

その全額が回収できないことが明らかになった場合には，その明らかになった事業年度において貸倒れとして損金経理をすることができることとされています（法基通9－6－2）。

(3) 一定期間取引停止後弁済がない場合等の貸倒れ

売掛債権について，債務者との取引を停止した時以後1年以上経過した場合には，法人が当該売掛債権の額から備忘価額を控除した残額を貸倒れとして損金経理をしたときは，これを認めることとされています（法基通9－6－3）。

2　金銭債権の全部又は一部の切捨てをした場合の貸倒れ

法人の有する金銭債権について次に掲げる事実が発生した場合には，その金銭債権の額のうち次に掲げる金額は，その事実の発生した日の属する事業年度において貸倒れとして損金の額に算入することとされています（法基通9－6－1）。→ **Q6**

(1) 更生計画認可の決定又は再生計画認可の決定があった場合において，これらの決定により切り捨てられることとなった部分の金額

　→ **Q1** **Q2** **Q3** **Q4** **Q5**

(2) 特別清算に係る協定の認可の決定があった場合において，この決定により切り捨てられることとなった部分の金額

(3) 法令の規定による整理手続によらない関係者の協議決定で次に掲げるものにより切り捨てられることとなった部分の金額

　イ　債権者集会の協議決定で合理的な基準により債務者の負債整理を定めているもの

　ロ　行政機関又は金融機関その他の第三者のあっ旋による当事者間の協議により締結された契約でその内容がイに準ずるもの

(4) 債務者の債務超過の状態が相当期間継続し，その金銭債権の弁済を受けることができないと認められる場合において，その債務者に対し書面によ

第1章　貸倒損失

り明らかにされた債務免除額 ➡ **Q7** **Q8** **Q9** **Q10** **Q11**

　すなわち，法人の有する金銭債権については上記に掲げる事実が発生した場合には，当該金銭債権はその時点で消滅することから損金経理を要件とせず，その事実が発生した日の属する事業年度の損金の額に算入することとなります。

　この点について，回収不能の金銭債権の貸倒れを定めた法人税基本通達9－6－2においては，法人の有する金銭債権につきその債務者の資産状況，支払能力等からみてその全額が回収できないことが明らかになった場合には，その明らかになった事業年度において貸倒れとして損金経理をすることができること，また，一定期間取引停止後弁済がない場合等の貸倒れを定めた法人税基本通達9－6－3において，売掛債権について債務者との取引を停止した時以後1年以上経過した場合には，当該法人が当該売掛債権の額から備忘価額を控除した残額を貸倒れとして損金経理をしたときは，これを認めることと異なる取扱いとなっています。

3　回収不能の金銭債権の貸倒れ

　法人の有する金銭債権につき，その債務者の資産状況，支払能力等からみてその全額が回収できないことが明らかになった場合には，その明らかになった事業年度において貸倒れとして損金経理をすることができることとされています（法基通9－6－2）。この場合において，当該金銭債権について担保物があるときは，その担保物を処分した後でなければ貸倒れとして損金経理をすることはできないものとされています（法基通9－6－2）。➡ **Q12** **Q13** **Q14** **Q15** **Q16** **Q18**

　また，保証債務は，現実にこれを履行した後でなければ貸倒れの対象にすることはできないこととされています（法基通9－6－2（注））。➡ **Q17**

基礎解説編

4　一定期間取引停止後弁済がない場合等の貸倒れ

　債務者について次に掲げる事実が発生した場合には，その債務者に対して有する売掛債権（売掛金，未収請負金その他これらに準ずる債権をいい，貸付金その他これに準ずる債権を含みません。以下9－6－3において同じ）について法人が当該売掛債権の額から備忘価額を控除した残額を貸倒れとして損金経理をしたときは，これを認めることとされています（法基通9－6－3）。

(1)　債務者との取引を停止した時（最後の弁済期又は最後の弁済の時が当該停止をした時以後である場合には，これらのうち最も遅い時）以後1年以上経過した場合（当該売掛債権について担保物のある場合を除きます）

　➡ **Q19** **Q20** **Q23**

　　この取引の停止とは，継続的な取引を行っていた債務者につきその資産状況，支払能力等が悪化したためその後の取引を停止するに至った場合をいうのであるから，例えば，不動産取引のようにたまたま取引を行った債務者に対して有する当該取引に係る売掛債権については，この取扱いの適用はないこととされています（法基通9－6－3（注））。➡ **Q21** **Q22**

(2)　法人が同一地域の債務者について有する当該売掛債権の総額がその取立てのために要する旅費その他の費用に満たない場合において，当該債務者に対し支払を督促したにもかかわらず弁済がないとき

第2章 個別評価金銭債権に係る貸倒引当金

1　概　　要

　内国法人が，更生計画認可の決定に基づいてその有する金銭債権の弁済を猶予され，又は賦払により弁済される場合その他の政令で定める場合において，その一部につき貸倒れその他これに類する事由による損失が見込まれる金銭債権（当該金銭債権に係る債務者に対する他の金銭債権がある場合には当該他の金銭債権を含むものとします。以下「個別評価金銭債権」といいます）のその損失の見込額として，各事業年度において損金経理により貸倒引当金勘定に繰り入れた金額については，当該繰り入れた金額のうち，当該事業年度終了の時において当該個別評価金銭債権の取立て又は弁済の見込みがないと認められる部分の金額を基礎として政令で定めるところにより計算した金額に達するまでの金額は，当該事業年度の所得の金額の計算上，損金の額に算入することとされています（法法52①）。➡ *Q32* *Q39*

2　個別評価金銭債権に係る貸倒引当金の繰入限度額

　法人税法52条1項（貸倒引当金）に規定する政令で定める場合とは，次に掲げる場合とし，同項に規定する政令で定めるところにより計算した金額は，次に

基礎解説編

掲げる場合の区分に応じ次に定める金額とされています（法法52①，法令96①一，法規25の2）。

（1） 特定事由による弁済の猶予等

　内国法人が当該事業年度終了の時において有する個別評価金銭債権（当該内国法人との間に連結完全支配関係がある連結法人に対して有する金銭債権を除きます）につき，当該個別評価金銭債権に係る債務者について生じた更生計画認可の決定などの特定事由(注)に基づいてその弁済を猶予され，又は賦払により弁済される場合には，当該個別評価金銭債権の額のうち当該事由が生じた日の属する事業年度終了の日の翌日から5年を経過する日までに弁済されることとなっている金額以外の金額（担保権の実行その他によりその取立て又は弁済（以下「取立て等」といいます）の見込みがあると認められる部分の金額を除きます）が個別評価金銭債権に係る貸倒引当金の繰入限度額となります（法法52①，法令96①一，法規25の2）。

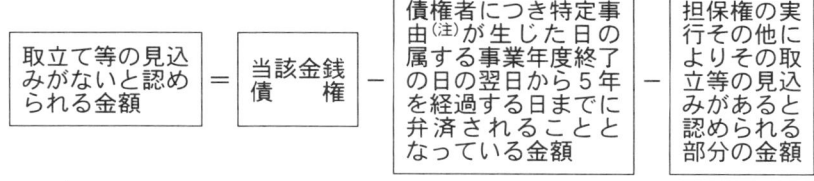

（注）　特定事由とは次に掲げるものをいいます（法令96①一，法規25の2）。
　　①　更生計画認可の決定 → **Q24** **Q26**
　　②　再生計画認可の決定 → **Q27** **Q28**
　　③　特別清算に係る協定の認可の決定
　　④　①から③までに掲げる事由に準ずるものとして財務省令で定める事由
　　　　この①から③までに掲げる事由に準ずるものとして財務省令で定める事由とは，法令の規定による整理手続によらない関係者の協議決定で次のものをいいます（法規25の2）。
　　　イ　債権者集会の協議決定で合理的な基準により債務者の負債整理を定めているもの → **Q25**
　　　ロ　行政機関，金融機関その他第三者のあっせんによる当事者間の協議により締結された契約でその内容がイに準ずるもの

第2章　個別評価金銭債権に係る貸倒引当金

　また，この担保権の実行により取立て等の見込みがあると認められる部分の金額とは，質権，抵当権，所有権留保，信用保険等によって担保されている部分の金額をいうこととされています（法基通11－2－5）。

　なお，国外にある債務者について，法人税法施行令96条1項1号又は3号《貸倒引当金勘定への繰入限度額》に掲げる事由に類する事由が生じた場合には，これらの規定の適用があることとされています（法基通11－2－12）。

（2）　債務超過状態の相当期間継続等による一部回収不能額

　当該内国法人が当該事業年度終了の時において有する個別評価金銭債権に係る債務者につき，債務超過の状態が相当期間継続し，かつ，その営む事業に好転の見通しがないこと，災害，経済事情の急変等により多大な損害が生じたことその他の事由が生じていることにより，当該個別評価金銭債権の一部の金額につきその取立て等の見込みがないと認められる場合（法令96①一に掲げる場合を除きます）には，当該一部の金額に相当する金額が個別評価金銭債権に係る貸倒引当金の繰入限度額となります（法法52①，法令96①二）。➡ **Q29**

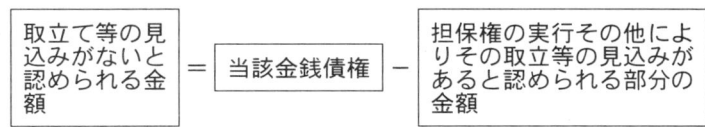

　この「債務者につき，債務超過の状態が相当期間継続し，かつ，その営む事業に好転の見通しがないこと」における「相当期間」とは，「おおむね1年以上」とし，その債務超過に至った事情と事業好転の見通しをみて，同号に規定する事由が生じているかどうかを判定することとされています（法基通11－2－6）。

　そして，「当該個別評価金銭債権の一部の金額につきその取立て等の見込みがないと認められる場合」における「当該一部の金額に相当する金額」とは，その金銭債権の額から担保物の処分による回収可能額及び人的保証に係る回収可能額などを控除して算定するのであるが，次に掲げる場合には，人的保証に係

基礎解説編

る回収可能額の算定上，回収可能額を考慮しないことができることとされています（法基通11－2－7）。

① 保証債務の存否に争いのある場合で，そのことにつき相当の理由のあるとき
② 保証人が行方不明で，かつ，当該保証人の有する資産について評価額以上の質権，抵当権（以下「質権等」といいます）が設定されていること等により当該資産からの回収が見込まれない場合
③ 保証人について法人税法施行令96条1項3号《貸倒引当金勘定への繰入限度額》に掲げる事由が生じている場合 → **Q30**
④ 保証人が生活保護を受けている場合（それと同程度の収入しかない場合を含みます）で，かつ，当該保証人の有する資産について評価額以上の質権等が設定されていること等により当該資産からの回収が見込まれないこと
⑤ 保証人が個人であって，次のいずれにも該当する場合
　イ　当該保証人が有する資産について評価額以上の質権等が設定されていること等により，当該資産からの回収が見込まれないこと
　ロ　当該保証人の年収額（その事業年度終了の日の直近1年間における収入金額をいいます）が当該保証人に係る保証債務の額の合計額（当該保証人の保証に係る金銭債権につき担保物がある場合には当該金銭債権の額から当該担保物の価額を控除した金額をいいます）の5％未満であること
　（注1）　当該保証人に係る保証債務の額の合計額には，当該保証人が他の債務者の金銭債権につき保証をしている場合には，当該他の債務者の金銭債権に係る保証債務の額の合計額を含めることができます。
　（注2）　上記ロの当該保証人の年収額については，その算定が困難であるときは，当該保証人の前年（当該事業年度終了の日を含む年の前年をいいます）分の収入金額とすることができます。

また，「その他の事由が生じていることにより，当該個別評価金銭債権の一部の金額につきその取立て等の見込みがないと認められる場合」には，次に掲げる場合が含まれることとされています。

この場合において，その取立て等の見込みがないと認められる金額とは，当

第2章　個別評価金銭債権に係る貸倒引当金

該回収できないことが明らかになった金額又は当該未収利息として計上した金額をいうこととされています（法基通11－2－8）。

① 法人の有するその金銭債権の額のうち担保物の処分によって得られると見込まれる金額以外の金額につき回収できないことが明らかになった場合において，その担保物の処分に日時を要すると認められるとき

② 貸付金又は有価証券（以下「貸付金等」といいます）に係る未収利息を資産に計上している場合において，当該計上した事業年度（その事業年度が連結事業年度に該当する場合には，当該連結事業年度）終了の日（当該貸付金等に係る未収利息を2以上の事業年度において計上しているときは，これらの事業年度のうち最終の事業年度終了の日）から2年を経過した日の前日を含む事業年度終了の日までの期間に，各種の手段を活用した支払の督促等の回収の努力をしたにもかかわらず，当該期間内に当該貸付金等に係る未収利息（当該資産に計上している未収利息以外の利息の未収金を含みます）につき，債務者が債務超過に陥っている等の事由からその入金が全くないとき

（3）　形式基準による50％相当額の貸倒引当金の繰入れ

当該内国法人が当該事業年度終了の時において有する個別評価金銭債権に係る債務者につき更生手続開始の申立てなどの特定の事由(注)が生じている場合（法令96①一に掲げる場合及び法令96①二に定める金額を法法52①に規定する個別貸倒引当金繰入限度額として同項の規定の適用を受けた場合を除きます）には，当該個別評価金銭債権の額（当該個別評価金銭債権の額のうち，当該債務者から受け入れた金額があるため実質的に債権とみられない部分の金額及び担保権の実行，金融機関又は保証機関による保証債務の履行その他により取立て等の見込みがあると認められる部分の金額を除きます）の100分の50に相当する金額が個別評価金銭債権に係る貸倒引当金の繰入限度額となります（法法52①，法令96①三）。➡ **Q31** **Q34**

基礎解説編

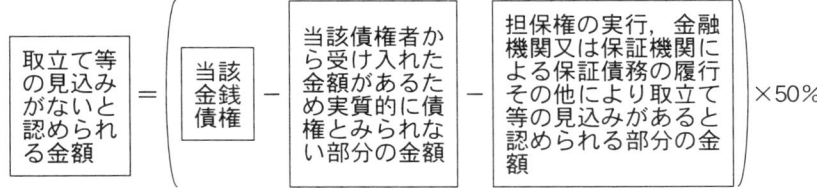

(注) 特定の事由とは次に掲げるものをいいます（法令96①三，法規25の3）。
① 更生手続開始の申立て ➡ Q33
② 再生手続開始の申立て ➡ Q27 Q40
③ 破産手続開始の申立て ➡ Q41
④ 特別清算開始の申立て
⑤ ①から④までに掲げる事由に準ずるものとして財務省令で定める事由
　この①から④までに掲げる事由に準ずるものとして財務省令で定める事由とは，手形交換所（手形交換所のない地域にあっては，当該地域において手形交換業務を行う銀行団を含みます）による取引停止処分をいいます（法規25の3）。

この「当該個別評価金銭債権の額のうち，当該債務者から受け入れた金額があるため実質的に債権とみられない部分の金額」とは，次に掲げるような金額がこれに該当することとされています（法基通11－2－9）。
① 同一人に対する売掛金又は受取手形と買掛金がある場合のその売掛金又は受取手形の金額のうち買掛金の金額に相当する金額 ➡ Q37
② 同一人に対する売掛金又は受取手形と買掛金がある場合において，当該買掛金の支払のために他から取得した受取手形を裏書譲渡したときのその売掛金又は受取手形の金額のうち当該裏書譲渡した手形（支払期日の到来していないものに限ります）の金額に相当する金額
③ 同一人に対する売掛金とその者から受け入れた営業に係る保証金がある場合のその売掛金の額のうち保証金の額に相当する金額
④ 同一人に対する売掛金とその者から受け入れた借入金がある場合のその売掛金の額のうち借入金の額に相当する金額
⑤ 同一人に対する完成工事の未収金とその者から受け入れた未成工事に対する受入金がある場合のその未収金の額のうち受入金の額に相当する金額
⑥ 同一人に対する貸付金と買掛金がある場合のその貸付金の額のうち買掛

第2章 個別評価金銭債権に係る貸倒引当金

金の額に相当する金額
⑦ 使用人に対する貸付金とその使用人から受け入れた預り金がある場合のその貸付金の額のうち預り金の額に相当する金額
⑧ 専ら融資を受ける手段として他から受取手形を取得し，その見合いとして借入金を計上した場合のその受取手形の金額のうち借入金の額に相当する金額
⑨ 同一人に対する未収地代家賃とその者から受け入れた敷金がある場合のその未収地代家賃の額のうち敷金の額に相当する金額

また，「担保権の実行により取立て等の見込みがあると認められる部分の金額」とは，質権，抵当権，所有権留保，信用保険等によって担保されている部分の金額をいうこととされています（法基通11－2－5）。

なお，法人税法施行令96条1項3号《貸倒引当金勘定への繰入限度額》の規定を適用する場合において，法人が債務者から他の第三者の振り出した手形（債務者の振り出した手形で第三者の引き受けたものを含みます）を受け取っている場合における当該手形の金額に相当する金額は，取立て等の見込みがあると認められる部分の金額に該当することとされています（法基通11－2－10）。

➡ **Q36**

また，国外にある債務者について，法人税法施行令96条1項1号又は3号《貸倒引当金勘定への繰入限度額》に掲げる事由に類する事由が生じた場合には，これらの規定の適用があることとされています（法基通11－2－12）。

なお，法人の各事業年度終了の日までに債務者の振り出した手形が不渡りとなり，当該事業年度分に係る確定申告書の提出期限（法法75の2《確定申告書の提出期限の延長の特例》の規定によりその提出期限が延長されている場合には，その延長された期限）までに当該債務者について法人税法施行規則25条の3《更生手続開始の申立て等に準ずる事由》に規定する手形交換所による取引停止処分が生じた場合には，当該事業年度において法人税法施行令96条1項3号《貸倒引当金勘定への繰入限度額》の規定を適用することができることとされています（法

基通11-2-11)。➡ **Q35**

(4) 公的債務者（外国政府，中央銀行又は地方公共団体）に対する個別評価金銭債権に係る貸倒引当金の繰入れ

当該内国法人が当該事業年度終了の時において有する外国の政府，中央銀行又は地方公共団体に対する個別評価金銭債権につき，これらの者の長期にわたる債務の履行遅滞によりその経済的な価値が著しく減少し，かつ，その弁済を受けることが著しく困難であると認められる事由が生じている場合には当該個別評価金銭債権の額（当該個別評価金銭債権の額のうち，これらの者から受け入れた金額があるため実質的に債権とみられない部分の金額及び保証債務の履行その他により取立て等の見込みがあると認められる部分の金額を除きます）の100分の50に相当する金額が個別評価金銭債権に係る貸倒引当金の繰入限度額となります（法法52①，法令96①四）。

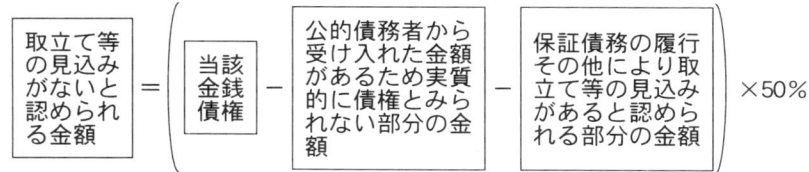

この「中央銀行」とは，金融機関でその本店又は主たる事務所の所在する国において，通貨の調節，金融の調整又は信用制度の保持育成の業務その他これに準ずる業務を行うものをいうものとされています（法基通11-2-13）。

また，繰入れ対象となる公的債務者に対する個別評価金銭債権とは，次に掲げる個別評価金銭債権については，次に掲げる金銭債権とされています。

ただし，債務者が外国の地方公共団体である場合において，その金銭債権の元本の返済及び利息等の支払に係る債務不履行の原因が当該地方公共団体の属する国の外貨準備高の不足によるものであることが明らかなときは，当該地方公共団体に対する金銭債権については，この限りでないこととされています（法基通11-2-14）。

第2章　個別評価金銭債権に係る貸倒引当金

① 債務者たる外国の政府，中央銀行及び地方公共団体（以下「公的債務者」といいます）に対して有する金銭債権につき債務不履行が生じたため，当該公的債務者との間の金銭債権に係る契約において定められているところに従い，当該法人が当該公的債務者に対して債務不履行宣言を行った場合で，次に掲げる要件のすべてを満たすときには，当該公的債務者に対して有する金銭債権の額

　イ　当該債務不履行宣言を行った日以後その事業年度終了の日までの間において，当該債務不履行の状態が継続し，かつ，当該法人が，当該公的債務者に対する融資又は当該公的債務者との間で金銭債権に係る債務の履行期限の延長に関する契約の締結若しくは物品販売等の取引を行っていないこと

　ロ　その事業年度終了の日において，当該法人が，当該公的債務者に対する融資又は当該公的債務者との間で金銭債権に係る債務の履行期限の延長に関する契約の締結若しくは物品販売等の取引を行う具体的な計画を有していないこと

　　（注1）　債務不履行宣言とは，債務者に対する金銭債権につき債務不履行が生じた場合に，当該金銭債権に係る期限の利益の喪失を目的として債権者が行う宣言をいいます。
　　（注2）　当該法人以外の者が外国の公的債務者に対して債務不履行宣言を行った場合において，当該債務不履行宣言の効果が当該法人に及ぶことが金銭債権に係る契約書において定められているときであっても，当該法人の当該公的債務者に対して有する金銭債権につき債務不履行が生じていないときは，同号に掲げる事由に該当しないことに留意することとなります。

② 外国の公的債務者が次に掲げるすべての要件を満たす場合，当該公的債務者に対して有する金銭債権のうち元本等の返済及び利息等の支払に係る債務不履行の期間（当該金銭債権が適格組織再編成により移転を受けたものである場合にあっては，当該適格組織再編成に係る被合併法人，分割法人，現物出資法人又は現物分配法人における債務不履行の期間を含みます）がその事業年度終了の日以前3年以上の期間にわたっているものの金額

　イ　その事業年度終了の日以前3年間（以下「期末以前3年間」といいます）

において，当該公的債務者に対する金銭債権につき元本等の返済及び利息等の支払がないこと
　ロ　当該法人（その金銭債権が適格組織再編成により移転を受けたものである場合にあっては，当該適格組織再編成に係る被合併法人，分割法人，現物出資法人又は現物分配法人を含みます）が，期末以前３年間において，当該公的債務者に対する融資又は当該公的債務者との間で金銭債権に係る債務の履行期限の延長に関する契約の締結若しくは物品販売等の取引を行っていないこと
　ハ　その事業年度終了の日において，当該法人が，当該公的債務者に対する融資又は当該公的債務者との間で金銭債権に係る債務の履行期限の延長に関する契約の締結若しくは物品販売等の取引を行う具体的な計画を有していないこと

また，「取立て等の見込みがあると認められる部分の金額」とは，次に掲げる金額をいうこととされています（法基通11－２－15）。

①　当該個別評価金銭債権につき他の者（当該法人の当該他の者に対する金銭債権につき債務不履行が生じている者を除きます。以下④において同じ）により債務の保証が付されている場合の当該保証が付されている部分に相当する金額

②　当該個別評価金銭債権につき債務の履行不能によって生ずる損失をてん補する保険が付されている場合の当該保険が付されている部分に相当する金額

③　当該個別評価金銭債権につき質権，抵当権，所有権留保等によって担保されている場合の当該担保されている部分の金額

④　当該公的債務者から他の者が振り出した手形（当該公的債務者の振り出した手形で他の者の引き受けたものを含みます）を受け取っている場合のその手形の金額に相当する金額等実質的に債権と認められない金額

第3章 一括評価金銭債権に係る貸倒引当金

1 一括評価金銭債権とは

　内国法人が，その有する売掛金，貸付金その他これらに準ずる金銭債権（個別評価金銭債権を除きます。以下「一括評価金銭債権」といいます）の貸倒れによる損失の見込額として，各事業年度において損金経理により貸倒引当金勘定に繰り入れた金額については，当該繰り入れた金額のうち，当該事業年度終了の時において有する一括評価金銭債権の額及び最近における売掛金，貸付金その他これらに準ずる金銭債権の貸倒れによる損失の額を基礎として政令で定めるところにより計算した金額に達するまでの金額は，当該事業年度の所得の金額の計算上，損金の額に算入することとされています（法法52②）。➡ **Q43**

(1) その他これらに準ずる金銭債権とは

　この「その他これらに準ずる金銭債権」には，次のような債権が含まれることとされています（法基通11－2－16）。
① 　未収の譲渡代金，未収加工料，未収請負金，未収手数料，未収保管料，未収地代家賃等又は貸付金の未収利子で，益金の額に算入されたもの
② 　他人のために立替払をした場合の立替金（法基通11－2－18の(4)に該当するものを除きます）

③ 未収の損害賠償金で益金の額に算入されたもの
④ 保証債務を履行した場合の求償権 ➡ **Q44**
⑤ 法人税法81条の18第1項《連結法人税の個別帰属額の計算》に規定する「法人税の負担額」又は「法人税の減少額」として帰せられる金額に係る未収金（当該法人との間に連結完全支配関係がある連結法人に対して有するものを除きます）

（注） 法人がその有する売掛金，貸付金等の債権について取得した先日付小切手を法人税法52条2項に規定する金銭債権に含めている場合には，その計算を認めることとされています。

また，法人がその有する売掛金，貸付金その他これらに準ずる金銭債権（以下「売掛債権等」といいます）について取得した受取手形につき裏書譲渡（割引を含みます）をした場合には，当該売掛金，貸付金等の既存債権を売掛債権等に該当するものとして取り扱うこととされています（法基通11－2－17）。

したがって，裏書により取得した受取手形（手形法（昭和7年法律第20号）18条1項本文又は19条1項本文に規定する裏書により取得したものを除きます）で，その取得の原因が売掛金，貸付金等の既存債権と関係のないものについて更に裏書譲渡をした場合には，その受取手形の金額は売掛債権等の額に含まれないこととされています（法基通11－2－17）。

この取扱いは，その裏書譲渡された受取手形の金額が財務諸表の注記等において確認できる場合に適用することとされています（法基通11－2－17（注））。

（2） 売掛債権等に該当しないもの

次に掲げるようなものは，売掛債権等には該当しないこととされています（法基通11－2－18）。

① 預貯金及びその未収利子，公社債の未収利子，未収配当その他これらに類する債権
② 保証金，敷金（借地権，借家権等の取得等に関連して無利息又は低利率で提供した建設協力金等を含みます），預け金その他これらに類する債権

第3章 一括評価金銭債権に係る貸倒引当金

③ 手付金，前渡金等のように資産の取得の代価又は費用の支出に充てるものとして支出した金額

④ 前払給料，概算払旅費，前渡交際費等のように将来精算される費用の前払として一時的に仮払金，立替金等として経理されている金額

⑤ 金融機関における他店為替貸借の決済取引に伴う未決済為替貸勘定の金額

⑥ 証券会社又は証券金融会社に対し，借株の担保として差し入れた信用取引に係る株式の売却代金に相当する金額

⑦ 雇用保険法，雇用対策法，障害者の雇用の促進等に関する法律等の法令の規定に基づき交付を受ける給付金等の未収金

⑧ 仕入割戻しの未収金

⑨ 保険会社における代理店貸勘定（外国代理店貸勘定を含みます）の金額

⑩ 法人税法61条の5第1項《デリバティブ取引に係る利益相当額の益金算入等》に規定する未決済デリバティブ取引に係る差金勘定等の金額

⑪ 法人がいわゆる特定目的会社（SPC）を用いて売掛債権等の証券化を行った場合において，当該特定目的会社の発行する証券等のうち当該法人が保有することとなったもの

(注) 仮払金等として計上されている金額については，その実質的な内容に応じて売掛債権等に該当するかどうかを判定することとなります。

（3） 売掛債権等に該当するもの

① 割賦未収金等

法人が長期割賦販売等に該当する資産の販売等に係る収益について延払基準を適用している場合には，当該長期割賦販売等により生じた割賦未収金等は売掛債権等に該当するものとされています（法基通11-2-19）。

この場合において，法人が各事業年度終了の時において履行期日の到来しない部分を割賦未収金等としないで棚卸資産等として経理しているときであっても，その棚卸資産等の帳簿価額に相当する金額は売掛債権等の額に該当するも

のとされています（法基通11－2－19）。

②　リース取引に係る売掛債権等

　法人税法64条の2第1項《リース取引に係る所得の金額の計算》により売買があったものとされたリース取引に係るリース料のうち，当該事業年度終了の時において支払期日の到来していないリース料の額の合計額は売掛債権等に該当するものとされています（法基通11－2－20）。

（4）　返品債権特別勘定等

①　返品債権特別勘定を設けている場合の売掛債権等の額

　出版業を営む法人が返品債権特別勘定を設けている場合の売掛債権等の金額は，当該事業年度終了の時における売掛債権等の金額から当該返品債権特別勘定の金額に相当する金額を控除した金額によることとされています（法基通11－2－21）。

②　貸倒損失の範囲－返品債権特別勘定の繰入額等

　次に掲げるような金額は，法人税法施行令96条2項2号イに規定する売掛債権等の貸倒れによる損失の額には含まれないこととされています（法基通11－2－22）。

　　イ　法人税基本通達9－6－4《返品債権特別勘定の設定》により返品債権特別勘定に繰り入れた金額
　　ロ　外貨建ての債権の換算による損失の額
　　ハ　売掛債権等の貸倒れによる損失の額のうち保険金等により補てんされた部分の金額

2　一括評価金銭債権に係る貸倒引当金の繰入限度額の計算

（1）　原　　則

　当該事業年度終了時の一括評価金銭債権の帳簿価額に貸倒実績率を乗じて計算した金額が，一括評価金銭債権に係る貸倒引当金の繰入限度額となります

第3章 一括評価金銭債権に係る貸倒引当金

（法法52②，法令96②）。

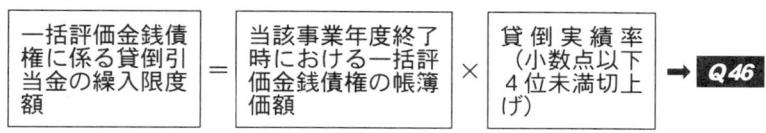

また，貸倒実績率は次のように計算することとなります（法法52②，法令96②）。

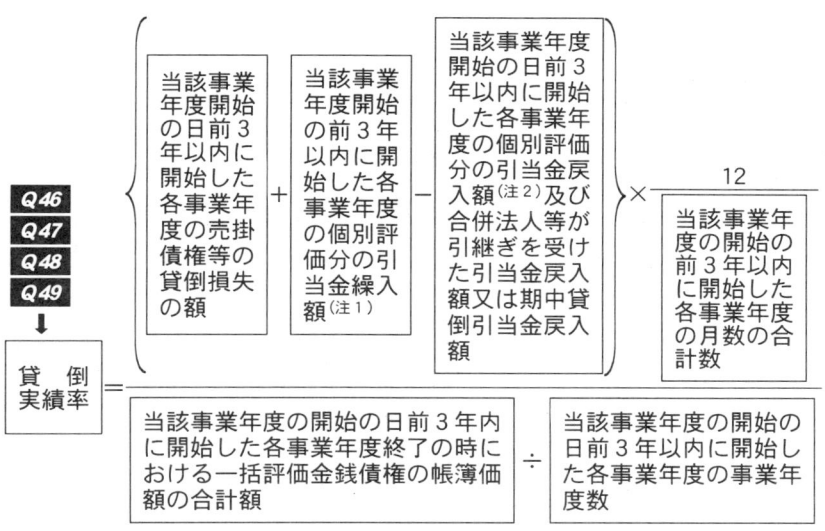

（注1）　個別評価分の引当金繰入額は，当該各事業年度で所得の金額の計算上損金の額に算入された貸倒引当金勘定の金額及び適格分割等に係る期中貸倒引当金額の合計額をいいます。
　　　　ただし，当該金額は売掛債権等に係る金額に限ることになります。
（注2）　個別評価分の引当金戻入額は，当該各事業年度で益金の額に算入された貸倒引当金勘定の金額のうち，当該各事業年度の直前の事業年度の所得の金額の計算上損金の額に算入された個別評価により損金算入された金額の合計額をいいます。なお，当該金額は当該各事業年度において，貸倒損失の額が生じた売掛債権等又は個別評価若しくは期中貸倒引当金の対象とされた売掛債権等に係るものに限ることになります。

なお，この算式における月数は，暦に従って計算し，1月に満たない端数を生じたときは，これを1月とします（法令96③）。

基礎解説編

　また，当該事業年度開始の日前3年以内に開始した各事業年度には，当該内国法人が適格合併に係る合併法人である場合には当該内国法人の当該事業年度開始の日前3年以内に開始した当該適格合併に係る被合併法人の各事業年度を含むものとされています（法令96②）。→ **Q48**

　また，当該内国法人が新たに設立された内国法人である場合の当該内国法人の当該事業年度開始の日前3年以内に開始した各事業年度とは，その設立の日の属する事業年度を当該事業年度ということとされています（法令96②）。
→ **Q49**

（2）　中小企業等の貸倒引当金の特例

　法人（法人税法2条9号に規定する普通法人のうち各事業年度終了時において資本金の額又は出資金の額が1億円を超えるもの及び同法66条6項2号に掲げる法人に該当するもの並びに保険業法に規定する相互会社及びこれに準ずるものとして政令で定めるものを除きます）が法人税法52条2項《一括評価金銭債権に係る貸倒引当金の繰入限度額》の規定の適用を受ける場合には，同項の規定にかかわらず，当該事業年度終了の時における同項に規定する一括評価金銭債権（当該法人が当該法人との間に連結完全支配関係がある連結法人に対して有する金銭債権を除きます）の帳簿価額（政令で定める金銭債権にあっては，政令で定める金額を控除した残額）の合計額に政令で定める割合を乗じて計算した金額をもって，同項に規定する政令で定めるところにより計算した金額とすることができることとされています（措法57の10①）。

　すなわち，資本金1億円以下の普通法人は，一括評価金銭債権に係る貸倒引当金の繰入限度額の計算について，貸倒実績率（原則法）と法定繰入率との選択適用が認められることになります。

　なお，資本金の額若しくは出資金の額が5億円以上の法人又は相互会社等の100％子法人については，平成22年4月1日以後に開始する事業年度から貸倒引当金の法定繰入率は適用されないこととなりました（平22改正法附則10①）。

　そして，この政令で定める金銭債権とは，その債務者から受け入れた金額が

第3章　一括評価金銭債権に係る貸倒引当金

あるためその全部又は一部が実質的に債権とみられない金銭債権とし，同項に規定する政令で定める金額とは，その債権とみられない部分の金額に相当する金額とされています（措令33の9②）。

　例えば，資本金が1億円以下の普通法人については，一括評価金銭債権に係る貸倒引当金の繰入限度額の計算について次のようになります。

> 平成10年4月1日に存する法人については簡便法が適用できます。

$$\text{一括評価金銭債権に係る貸倒引当金の繰入限度額} = \left(\text{当該事業年度終了時における一括評価金銭債権の帳簿価額} - \text{当該債務者から受け入れた金額があるためその全部又は一部が実質的に債権とみられないものの金額}^{(注1,\ 2)}\right) \times \text{法定繰入率}^{(注3,\ 4)}$$

→ Q45　Q50
→ Q38　Q46

（注1）　この租税特別措置法施行令33条の9第2項に規定する「その債務者から受け入れた金額があるためその全部又は一部が実質的に債権とみられない金銭債権」には，債務者から受け入れた金額がその債務者に対し有する金銭債権と相殺適状にあるものだけでなく，金銭債権と相殺的な性格をもつもの及びその債務者と相互に融資しているもの等である場合のその債務者から受け入れた金額に相当する金銭債権も含まれるのであるから，次に掲げるような金額はこれに該当することとなります（措通57の10－1）。

① 　同一人に対する売掛金又は受取手形と買掛金又は支払手形がある場合のその売掛金又は受取手形の金額のうち買掛金又は支払手形の金額に相当する金額 → Q37

② 　同一人に対する売掛金又は受取手形と買掛金がある場合において，当該買掛金の支払のために他から取得した受取手形を裏書譲渡したときのその売掛金又は受取手形の金額のうち当該裏書譲渡した手形（支払期日の到来していないものに限ります）の金額に相当する金額

③ 　同一人に対する売掛金とその者から受け入れた営業に係る保証金がある場合のその売掛金の額のうち保証金の額に相当する金額

④ 　同一人に対する売掛金とその者から受け入れた借入金がある場合のその売掛金の額のうち借入金の額に相当する金額

⑤ 　同一人に対する完成工事の未収金とその者から受け入れた未成工事に対する受入金がある場合のその未収金の額のうち受入金の額に相当する金額

⑥ 　同一人に対する貸付金と買掛金がある場合のその貸付金の額のうち買掛金

基礎解説編

の額に相当する金額
⑦　使用人に対する貸付金とその使用人から受け入れた預り金がある場合のその貸付金の額のうち預り金の額に相当する金額
⑧　専ら融資を受ける手段として他から受取手形を取得し，その見合いとして借入金を計上した場合又は支払手形を振り出した場合のその受取手形の金額のうち借入金又は支払手形の金額に相当する金額
⑨　同一人に対する未収地代家賃とその者から受け入れた敷金がある場合のその未収地代家賃の額のうち敷金の額に相当する金額

(注2)　簡便法とは
　平成10年4月1日に存する法人は，租税特別措置法施行令33条の9第2項の規定にかかわらず，租税特別措置法57条の10《中小企業等の貸倒引当金の特例》第1項に規定する政令で定める金銭債権は当該法人の当該事業年度終了の時における同条第1項の一括評価金銭債権とし，同項に規定する政令で定める金額は当該法人の当該事業年度終了の時における一括評価金銭債権の額に，平成10年4月1日から平成12年3月31日までの間に開始した各事業年度終了の時における一括評価金銭債権の額の合計額のうちに当該各事業年度終了の時における租税特別措置法施行令33条の9第2項に規定する債権とみられない部分の金額の合計額の占める割合（当該割合に小数点以下3位未満の端数があるときは，これを切り捨てます）を乗じて計算した金額とすることができることとされています（措令33の9③）。

　したがって，平成10年4月1日に存在していた法人は，実質的に債権と認められないものの金額については，次の算式（いわゆる簡便法）により計算することができることとされています（措令33の9③）。

| 実質的に債権と認められないものの金額 → **Q45** | ＝ | 当該事業年度終了時における一括評価金銭債権の額 | × | 平成10年4月1日から平成12年3月31日までの間に開始した各事業年度における当該債務者から受け入れた金額があるためその全部又は一部が実質的に債権とみられない金銭債権の合計額 ／ 平成10年4月1日から平成12年3月31日までの間に開始した各事業年度における一括評価金銭債権の額の合計額 |

(注3)　法定繰入率は次のとおりとなります。

第3章 一括評価金銭債権に係る貸倒引当金

卸売業及び小売業（飲食店業及び料理店業を含みます）	製　造　業	金融及び保険業	割賦販売小売業及び割賦購入あっ旋業	そ　の　他
$\dfrac{10}{1,000}$	$\dfrac{8}{1,000}$	$\dfrac{3}{1,000}$	$\dfrac{13}{1,000}$	$\dfrac{6}{1,000}$

（注4）　一括評価金銭債権に係る貸倒引当金の繰入限度額の割増（116％割増）
　　　法人税法2条6号に規定する公益法人等又は同条7号に規定する協同組合等の平成10年4月1日から平成23年3月31日までの間に開始する各事業年度の所得の金額に係る一括評価金銭債権に係る貸倒引当金の繰入限度額の規定の適用については，100の116の割増しが認められています（措法57の10③）。

したがって，公益法人等又は協同組合等における一括評価金銭債権に係る貸倒引当金の繰入限度額は次のようになります。

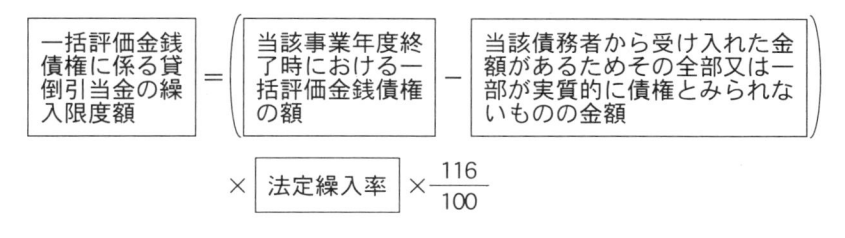

$$\boxed{\begin{array}{c}\text{一括評価金銭}\\\text{債権に係る貸}\\\text{倒引当金の繰}\\\text{入限度額}\end{array}} = \left(\boxed{\begin{array}{c}\text{当該事業年度終}\\\text{了時における一}\\\text{括評価金銭債権}\\\text{の額}\end{array}} - \boxed{\begin{array}{c}\text{当該債務者から受け入れた金}\\\text{額があるためその全部又は一}\\\text{部が実質的に債権とみられな}\\\text{いものの金額}\end{array}}\right)$$

$$\times \boxed{\text{法定繰入率}} \times \dfrac{116}{100}$$

3　個別評価金銭債権に係る貸倒引当金と一括評価金銭債権に係る貸倒引当金との関係

　貸倒引当金は，個別評価金銭債権に係る貸倒引当金と一括評価金銭債権に係る貸倒引当金から成り立っておりそれぞれ区分して計算することとなります（法法52①②）。
　そのため，法人税法52条1項《貸倒引当金》に規定する個別評価金銭債権に係る貸倒引当金の繰入限度額の計算と同条2項に規定する一括評価金銭債権に係る貸倒引当金の繰入限度額の計算は，それぞれ別に計算することとされていることから，例えば，個別評価金銭債権に係る貸倒引当金の繰入額に繰入限度超過額があり，他方，一括評価金銭債権に係る貸倒引当金の繰入額が繰入限度額に達していない場合であっても，当該繰入限度超過額を当該一括評価金銭債

基礎解説編

権に係る貸倒引当金の繰入額として取り扱うことはできないこととされています（法基通11－2－1の2）。

　また，この個別評価金銭債権に係る貸倒引当金については，債権ごとではなく債務者ごとに計算することとなっていますので，例えば，債務者Aに対して，貸付金と受取手形があるとします。仮に，債務者Aが手形の不渡りを発生された場合に，貸付金については担保が設定されており，全額回収が可能なことから一括評価金銭債権とし受取手形だけ個別評価金銭債権とすることはできないため，貸付金及び受取手形の合計額が個別評価金銭債権となります（法法52①）。

　そして，法人税法52条1項又は2項の規定により各事業年度の所得の金額の計算上損金の額に算入されたこれらに規定する貸倒引当金勘定の金額は，当該事業年度の翌事業年度の所得の金額の計算上，益金の額に算入することとされています（法法52⑩）。

　なお，法人が貸倒引当金勘定への繰入れの表示に代えて取立不能見込額として表示した場合においても，当該取立不能見込額の表示が財務諸表の注記等により確認でき，かつ，貸倒引当金勘定への繰入れであることが総勘定元帳及び確定申告書において明らかにされているときは，当該取立不能見込額は，貸倒引当金勘定への繰入額として取り扱うこととされています（法基通11－2－1）。

第4章 組織再編に係る貸倒引当金

1　適格分割等による期中個別貸倒引当金勘定の繰入れ

　内国法人が，適格分割，適格現物出資又は適格現物分配（適格現物分配にあっては残余財産の全部の分配を除きます。以下「適格分割等」といいます）により分割承継法人，被現物出資法人又は被現物分配法人に個別評価金銭債権を移転する場合において，当該個別評価金銭債権について法人税法52条1項の貸倒引当金勘定に相当するもの（以下「期中個別貸倒引当金勘定」といいます）を設けたときは，当該設けた期中個別貸倒引当金勘定の金額に相当する金額のうち，当該個別評価金銭債権につき当該適格分割等の直前の時を事業年度終了の時とした場合に法人税法52条1項の規定により計算される個別貸倒引当金繰入限度額に相当する金額に達するまでの金額は，当該分割法人等が適格分割等の日以後2月以内に当該期中個別貸倒引当金勘定の金額に相当する金額その他の財務省令で定める事項を記載した書類を納税地の所轄税務署長に提出した場合に限り，当該分割法人等の当該適格分割等の日の属する事業年度の所得の金額の計算上，損金の額に算入することとされています（法法52⑤⑦）。

　この財務省令で定める事項とは，次に掲げる事項をいいます（法法52⑦，法規25の6）。

　①　この規定の適用を受けようとする内国法人の名称及び納税地並びに代表

基礎解説編

　　　者の氏名
　②　適格分割等に係る分割承継法人，被現物出資法人又は被現物分配法人の名称及び納税地並びに代表者の氏名
　③　適格分割等の日
　④　期中個別貸倒引当金勘定の金額に相当する金額及び個別貸倒引当金繰入限度額に相当する金額並びにこれらの金額の計算に関する明細
　⑤　その他参考となるべき事項
　なお，内国法人が適格分割等によりその有する同一の債務者に対する個別評価金銭債権の一部のみを当該適格分割等に係る分割承継法人，被現物出資法人又は被現物分配法人に移転する場合には，当該個別評価金銭債権の金額のうち当該移転する一部の金額以外の金額はないものとみなされます（法令98）。

2　適格分割等による期中一括貸倒引当金勘定の繰入れ

　内国法人が，適格分割等により分割承継法人，被現物出資法人又は被現物分配法人に一括評価金銭債権を移転する場合において，当該一括評価金銭債権について法人税法52条2項の貸倒引当金勘定に相当するもの（以下「期中一括貸倒引当金勘定」といいます）を設けたときは，その設けた期中一括貸倒引当金勘定の金額に相当する金額のうち，当該一括評価金銭債権につき当該適格分割等の直前の時を事業年度終了の時とした場合に計算される一括貸倒引当金繰入限度額に相当する金額に達するまでの金額は，当該分割法人等が当該適格分割等の日以後2月以内に当該期中一括貸倒引当金勘定の金額に相当する金額その他の財務省令で定める事項を記載した書類を納税地の所轄税務署長に提出した場合に限り，分割法人等の当該適格分割等の日の属する事業年度の損金の額に算入することとされています（法法52⑥⑦，法規25の6）。

　この財務省令で定める事項とは，次に掲げる事項をいいます（法法52⑦，法規25の6）。
　①　この規定の適用を受けようとする内国法人の名称及び納税地並びに代表

第4章　組織再編に係る貸倒引当金

者の氏名
② 適格分割等に係る分割承継法人，被現物出資法人又は被現物分配法人の名称及び納税地並びに代表者の氏名
③ 適格分割等の日
④ 期中一括貸倒引当金勘定の金額に相当する金額及び一括貸倒引当金繰入限度額に相当する金額並びにこれらの金額の計算に関する明細
⑤ その他参考となるべき事項

3　適格組織再編成が行われた場合における貸倒引当金勘定の引継ぎ

　内国法人が，適格合併，適格分割，適格現物出資又は適格現物分配（以下「適格組織再編成」といいます）を行った場合には，次に掲げる適格組織再編成の区分に応じ，貸倒引当金勘定の金額又は期中個別貸倒引当金勘定の金額若しくは期中一括貸倒引当金勘定の金額は，当該適格組織再編成に係る合併法人，分割承継法人，被現物出資法人又は被現物分配法人に引き継ぐこととされています（法法52⑧）。

(1)　適格合併又は適格現物分配（残余財産の全部の分配に限ります）

　法人税法52条1項（個別評価金銭債権に係る貸倒引当金）又は同条2項（一括評価金銭債権に係る貸倒引当金）の規定により当該適格合併の日の前日又は残余財産の確定の日の属する事業年度の所得の金額の計算上損金の額に算入されたこれらの規定に規定する貸倒引当金勘定の金額

(2)　適格分割等

　法人税法52条5項の期中個別貸倒引当金勘定又は同6項の期中一括貸倒引当金勘定のうち，当該適格分割等の日の属する事業年度の所得の金額の計算上損金の額に算入された期中個別貸倒引当金勘定の金額又は期中一括貸倒引当金勘

29

基礎解説編

定の金額

 なお，被合併法人の適格合併に該当しない合併の日の前日の属する事業年度及び残余財産の確定（その残余財産の分配が適格現物分配に該当しないものに限ります）の日の属する事業年度については，貸倒引当金の繰入額について損金の額に算入することはできないこととされています（法法52①②）。

4　適格組織再編成が行われた場合における貸倒実績率の算定

 内国法人が合併法人として適格合併を行った場合における一括評価金銭債権に係る貸倒引当金の繰入限度額の貸倒実績率の算定において，当該内国法人の当該事業年度開始の日前3年以内に開始した各事業年度に当該適格合併に係る被合併法人の各事業年度を含むこととされていますので，被合併法人の当該事業年度終了の時の一括評価金銭債権や貸倒損失等を含めて計算することとなります（法法96②）。

 また，適格分割等が行われた場合において，当該内国法人が当該適格分割等の日の属する事業年度及び当該事業年度の翌事業年度開始の日以後2年以内に終了する各事業年度（以下「調整事業年度」といいます）における貸倒実績率を当該適格分割等により移転する事業に係る貸倒れの実績を考慮して合理的な方法により計算することについて，適格分割等の日以後2月以内に，その採用しようとする方法の内容，その方法を採用しようとする理由その他財務省令で定める事項を記載した申告書を納税地の所轄税務署長に提出し承認を受けたときは，当該内国法人のその承認を受けた日の属する事業年度以後の当該調整事業年度における貸倒実績率は，その承認を受けた方法により計算した割合となります（法令97①②）。

 この財務省令で定める事項とは，次に掲げる事項をいいます（法令97②，法規25の5）。

　①　申請をする内国法人の名称及び納税地並びに代表者の氏名
　②　①の内国法人の次に掲げる区分に応じ，それぞれ次に定める事項

イ　適格分割等に係る分割法人等，当該適格分割等に係る分割承継法人等の名称及び納税地並びに代表者の氏名
　　ロ　適格分割等に係る分割承継法人等，当該適格分割等に係る分割法人等の名称及び納税地並びに代表者の氏名
③　適格分割等の日
④　採用しようとする適格分割等により分割承継法人等に移転する事業に係る貸倒れの実績を考慮した計算方法の内容及びその方法による計算の基礎となる金額の明細
⑤　④の方法を採用しようとする理由
⑥　その他参考となるべき事項

第5章 債務者に法的整理等があった場合の債権者の税務上の取扱い

1 債務者に再生計画認可の決定があった場合

(1) 再生手続の概要

　民事再生法は，経済的に窮境にある債務者について，その債権者の多数の同意を得，かつ，裁判所の認可を受けた再生計画を定めること等により，当該債務者とその債権者との間の民事上の権利関係を適切に調整し，もって当該債務者の事業又は経済生活の再生を図ることを目的とするものとされています（民再1）。

　民事再生法による再生手続の主な特徴は，再建型の手続であること，原則として債務者が財産の管理処分権を有していること及び法人に限らず個人も利用できることなどがあります。

　また，会社更生法は株式会社にしか利用できませんが（会更1），民事再生法は株式会社だけでなく有限会社など他の会社や個人にも適用することができます（民再2①）。

　民事再生法の再生計画認可決定までの手続の主な流れは，次のとおりとなります。

　① 再生手続開始の申立て
　② 保全処分等

基礎解説編

③ 再生手続開始の決定
④ 再生債権の届出
⑤ 再生債権の調査
⑥ 再生債権の確定
⑦ 再生計画案の作成
⑧ 再生計画の提出
⑨ 再生計画の決議
⑩ 再生計画の認可又は不認可の決定

なお，再生計画の認可又は不認可の決定があった場合には，再生債務者，管財人，届出再生債権者及び再生のために債務を負担し又は担保を提供する者に対して，その主文及び理由の要旨を記載した書面を送達しなければならないこととされています（民再174④）。

（2） 債務者に再生手続開始の申立てから再生計画認可の決定があった場合における債権者の税務上の取扱い

当該内国法人が当該事業年度終了の時において有する個別評価金銭債権に係る債務者につき再生手続開始の申立てが生じている場合には，当該個別評価金銭債権の50％相当額を当該個別評価金銭債権に係る貸倒引当金として繰り入れることができることとされています（法法52①，法令96①三ロ）。

また，仮に当該内国法人が当該事業年度終了の時において有する個別評価金銭債権に係る債務者につき，債務超過の状態が相当期間継続し，かつ，その営む事業に好転の見通しがないこと，災害，経済事情の急変等により多大な損害が生じたことその他の事由が生じていることにより，当該個別評価金銭債権の一部の金額につきその取立て等の見込みがないと認められる金額が50％相当額を超えるときには，当該回収不能見込額を当該個別評価金銭債権に係る貸倒引当金として繰り入れることができる場合もあります（法法52①，法令96①二）。

なお，内国法人が当該事業年度終了の時において有する個別評価金銭債権に係る債務者につき再生手続開始の申立てが生じる前であっても，上記の法人税

第5章　債務者に法的整理等があった場合の債権者の税務上の取扱い

法施行令96条1項2号の要件を満たせば当該回収不能見込額を当該個別評価金銭債権に係る貸倒引当金として繰り入れることができることとされています（法法52①，法令96①二）。

その後，当該法人の有する金銭債権について再生計画認可の決定があった場合において，この決定により切り捨てられることとなった部分の金額については，その事実の発生した日の属する事業年度において貸倒れとして損金の額に算入することとされています（法基通9－6－1(1)）。

そして，当該内国法人が当該事業年度終了の時において有する個別評価金銭債権につき，当該個別評価金銭債権に係る債務者について生じた再生計画認可の決定に基づいてその弁済を猶予され，又は賦払により弁済される場合には当該個別評価金銭債権の額のうち当該事由が生じた日の属する事業年度終了の日の翌日から5年を経過する日までに弁済されることとなっている金額以外の金額については，個別評価金銭債権に係る貸倒引当金として繰入れすることができることとされています（法法52①，法令96①一ロ）。

2　債務者に更生計画認可の決定があった場合

（1）　更生手続の概要

会社更生法は，窮境にある株式会社について，更生計画の策定及びその遂行に関する手続を定めること等により，債権者，株主その他の利害関係人の利害を適切に調整し，もって当該株式会社の事業の維持更生を図ることを目的とされています（会更1）。

会社更生法による更生手続の主な特徴は，再建型の手続であること，担保権などの権利行使が制約されること，権利について少額債権や労働債権などに配慮がなされること及び更生計画の決議が多数決のため手続が利用しやすいことなどがあります。

会社更生法の更生計画認可決定までの手続の主な流れは，次のとおりとなります。

基礎解説編

① 更生手続開始の申立て
② 保全処分等
③ 更生手続開始の決定
④ 管財人の選任
⑤ 更生債権等の届出
⑥ 更生債権等の調査
⑦ 更生債権等の確定
⑧ 更生計画案の提出
⑨ 更生計画案の決議
⑩ 更生計画の認可又は不認可の決定

なお，更生計画の認可又は不認可の決定があった場合には，その主文，理由の要旨及び更生計画又はその要旨を公告しなければならないこととされています（会更199⑥）が，届出更生債権者等に対して書面を送達することを要しないため，債務者が会社更生法の手続を行っている場合には決算期末の当該更生計画の進捗状況について的確に把握する必要があります。

(2) 債務者に更生手続開始の申立てから更生計画認可の決定があった場合における債権者の税務上の取扱い

当該内国法人が当該事業年度終了の時において有する個別評価金銭債権に係る債務者につき更生手続開始の申立てが生じている場合には，当該個別評価金銭債権の50％相当額を当該個別評価金銭債権に係る貸倒引当金として繰り入れることができることとされています（法法52①，法令96①三イ）。

また，仮に当該内国法人が当該事業年度終了の時において有する個別評価金銭債権に係る債務者につき，債務超過の状態が相当期間継続し，かつ，その営む事業に好転の見通しがないこと，災害，経済事情の急変等により多大な損害が生じたことその他の事由が生じていることにより，当該個別評価金銭債権の一部の金額につきその取立て等の見込みがないと認められる金額が50％相当額を超えるときには，当該回収不能見込額を当該個別評価金銭債権に係る貸倒引

第5章　債務者に法的整理等があった場合の債権者の税務上の取扱い

当金として繰り入れることができる場合もあります（法法52①，法令96①二）。

　なお，内国法人が当該事業年度終了の時において有する個別評価金銭債権に係る債務者につき更生手続開始の申立てが生じる前であっても，上記の法人税法施行令96条1項2号の要件を満たせば当該回収不能見込額を当該個別評価金銭債権に係る貸倒引当金として繰り入れることができることとされています（法法52①，法令96①二）。

　その後，当該法人の有する金銭債権について更生計画認可の決定があった場合において，この決定により切り捨てられることとなった部分の金額については，その事実の発生した日の属する事業年度において貸倒れとして損金の額に算入することとされています（法基通9－6－1(1)）。

　そして，当該内国法人が当該事業年度終了の時において有する個別評価金銭債権につき，個別評価金銭債権に係る債務者について生じた更生計画認可の決定に基づいてその弁済を猶予され，又は賦払により弁済される場合には当該個別評価金銭債権の額のうち当該事由が生じた日の属する事業年度終了の日の翌日から5年を経過する日までに弁済されることとなっている金額以外の金額については，個別評価金銭債権に係る貸倒引当金として繰入れすることができることとされています（法法52①，法令96①一イ）。

3　債務者に特別清算に係る協定の認可の決定があった場合

(1)　特別清算の手続の概要

　裁判所は，清算株式会社に清算の遂行に著しい支障をきたすべき事情があること，又は債務超過（清算株式会社の財産がその債務を完済するのに足りない状態をいいます）の疑いがあると認めるときは申立てにより，当該清算株式会社に対し特別清算の開始を命ずることとされています（会社510）。

　特別清算の主な特徴は，清算型の手続であること，管財人が選任されず通常は清算人が清算業務を行うこと及び破産を予防し破産手続よりも安価かつ迅速に倒産状態を処理できることなどがあります。

基礎解説編

　反面,特別清算は清算の遂行に著しい支障をきたすべき事情があること,又は債務超過の疑いがあると認めるときに限定される手続であり適用場面が限られるという点もあります。

　特別清算の手続の協定の認可決定までの主な流れは,次のとおりとなります。
① 　特別清算開始の申立て
② 　特別清算開始命令
③ 　協定の申し出
④ 　協定の認可又は不認可の決定

(2)　債務者に特別清算開始の申立てから協定の認可の決定があった場合における債権者の税務上の取扱い

　当該内国法人が当該事業年度終了の時において有する個別評価金銭債権に係る債務者につき特別清算の申立てが生じている場合には,当該個別評価金銭債権の50％相当額を当該個別評価金銭債権に係る貸倒引当金として繰り入れることができることとされています(法法52①,法令96①三ニ)。

　また,仮に当該内国法人が当該事業年度終了の時において有する個別評価金銭債権に係る債務者つき,債務超過の状態が相当期間継続し,かつ,その営む事業に好転の見通しがないこと,災害,経済事情の急変等により多大な損害が生じたことその他の事由が生じていることにより,当該個別評価金銭債権の一部の金額につきその取立て等の見込みがないと認められる金額が50％相当額を超えるときには,当該回収不能見込額を当該個別評価金銭債権に係る貸倒引当金として繰り入れることができる場合もあります(法法52①,法令96①二)。

　なお,内国法人が当該事業年度終了の時において有する個別評価金銭債権に係る債務者につき特別清算の申立てが生じる前であっても,上記の法人税法施行令96条1項2号の要件を満たせば当該回収不能見込額を当該個別評価金銭債権に係る貸倒引当金として繰り入れることができることとされています(法法52①,法令96①二)。

　その後,当該法人の有する金銭債権について特別清算に係る協定の認可の決

第5章　債務者に法的整理等があった場合の債権者の税務上の取扱い

定があった場合において，この決定により切り捨てられることとなった部分の金額については，その事実の発生した日の属する事業年度において貸倒れとして損金の額に算入することとされています（法基通9－6－1(2)）。

そして，当該内国法人が当該事業年度終了の時において有する個別評価金銭債権につき，当該個別評価金銭債権に係る債務者について生じた特別清算に係る協定の認可の決定に基づいてその弁済を猶予され，又は賦払により弁済される場合には当該個別評価金銭債権の額のうち当該事由が生じた日の属する事業年度終了の日の翌日から5年を経過する日までに弁済されることとなっている金額以外の金額については，個別評価金銭債権に係る貸倒引当金として繰入れすることができることとされています（法法52①，法令96①一ハ）。

4　債務者に破産手続の終結があった場合

（1）　破産手続の概要

破産法は，支払不能又は債務超過にある債務者の財産等の清算に関する手続を定めること等により，債権者その他の利害関係人の利害及び債務者と債権者との間の権利関係を適切に調整し，もって債務者の財産等の適正かつ公平な清算を図るとともに，債務者について経済生活の再生の機会の確保を図ることを目的としています（破1）。

破産手続の主な特徴は法人だけではなく個人も対象としており，かつ，厳格かつ慎重な手続であるため，適正な処理が確保できることとされています。

反面，破産手続は厳格かつ慎重な手続であるため，手続終了まで相当の時間と費用がかかるという面もあります。

破産法の規定による破産手続終結までの主な流れは，次のとおりとなります。

① 　破産手続開始の申立て

② 　保全処分・保全管理命令

③ 　破産手続開始決定

④ 　破産管財人選任

基礎解説編

⑤ 破産債権の届出
⑥ 破産債権者表の作成等
⑦ 破産債権の調査
⑧ 異議等のない破産債権の確定
⑨ 中間配当
⑩ 最後配当
⑪ 破産管財人の任務終了の場合の報告義務等
⑫ 破産手続終結の決定

（２） 債務者に破産手続開始の申立てから破産手続終結決定があった場合における債権者の税務上の取扱い

　当該内国法人が当該事業年度終了の時において有する個別評価金銭債権に係る債務者につき破産手続開始の申立てが生じている場合には，当該個別評価金銭債権の50％相当額を当該個別評価金銭債権に係る貸倒引当金として繰り入れることができることとされています（法法52①，法令96①三ハ）。

　また，仮に当該内国法人が当該事業年度終了の時において有する個別評価金銭債権に係る債務者につき債務超過の状態が相当期間継続し，かつ，その営む事業に好転の見通しがないこと，災害，経済事情の急変等により多大な損害が生じたことその他の事由が生じていることにより，当該個別評価金銭債権の一部の金額につきその取立て等の見込みがないと認められる金額が50％相当額を超える場合には，当該回収不能見込額を当該個別評価金銭債権に係る貸倒引当金として繰り入れることができる場合もあります（法法52①，法令96①二）。

　なお，内国法人が当該事業年度終了の時において有する個別評価金銭債権に係る債務者につき破産手続開始の申立てが生じる前であっても，上記の法人税法施行令96条1項2号の要件を満たせば当該回収不能見込額を当該個別評価金銭債権に係る貸倒引当金として繰り入れることができることとされています（法法52①，法令96①二）。

　破産手続きの終結は，法律上の貸倒れを定めた法人税基本通達９－６－１に

第5章　債務者に法的整理等があった場合の債権者の税務上の取扱い

ないことから，法人の破産手続の場合にどの時点で貸倒れの処理ができるかが問題となります。

　この点について，平成20年6月26日に次の裁決があります。

　「法人の所有する金銭債権が貸倒れとなったか否かは，第一次的には，その金銭債権全体が滅失したか否かによって判定され，その債権が滅失している場合には，法人がこれを貸倒れとして損金経理しているか否かにかかわらず，税務上はその債権が滅失した時点において損金の額に算入することとなる。」との考え方を示し，「ところで，法人の破産手続においては，配当されなかった部分の破産債権を法的に消滅させる免責手続はなく，裁判所が破産法人の財産がないことを公証の上，出すところの廃止決定又は終結決定があり，当該法人の登記が閉鎖されることとされており，この決定がなされた時点で当該破産法人は消滅することからすると，この時点において，当然，破産法人に分配可能な財産はないのであり，当該決定等により法人が破産法人に対して有する金銭債権もその全額が滅失したとすることが相当であると解され，この時点が破産債権者にとって貸倒れの時点と考えられる。」としています（平成20.6.26裁決　裁決事例集No.75）。

5　債務者に私的整理があった場合

（1）　私的整理の概要

　私的整理とは，倒産に際して債権者，債務者が任意に協議して債務者の財産関係を処理することをいいます。

　私的整理の主な特徴は，清算型と再建型があること，私的整理は債権者，債務者の自由な合意に基づき行われることから，短期間で処理できること，手続が簡略なので費用も安価でその分配当の原資にまわせること及び手続が法定されていないことから柔軟に対応できることなどがあります。

　反面，私的整理には裁判所の監督もないため一部の債権者だけが高率の配当を受けるなど透明性・公平性に疑問が生ずる場合があるとの指摘もあります。

基礎解説編

（2） 債務者に私的整理が行われている場合における債権者の税務上の取扱い

　内国法人が当該事業年度終了の時において有する個別評価金銭債権に係る債務者につき債務超過の状態が相当期間継続し，かつ，その営む事業に好転の見通しがないこと，災害，経済事情の急変等により多大な損害が生じたことその他の事由が生じていることにより，当該個別評価金銭債権の一部の金額につきその取立て等の見込みがないと認められる場合には，当該回収不能見込額を当該個別評価金銭債権に係る貸倒引当金として繰り入れることとされています（法法52①，法令96①二）。

　また，当該法人の有する金銭債権について法令の規定による整理手続によらない関係者の協議決定で①債権者集会の協議決定で合理的な基準により債務者の負債整理を定めているものや②行政機関又は金融機関その他第三者のあっ旋による当事者間の協議により締結された契約でその内容が①に準ずるものである場合において，これらにより切り捨てられることとなった部分の金額はその事実の発生した日の属する事業年度において貸倒れとして損金の額に算入することとされています（法基通9－6－1⑶）。

　そして，当該内国法人が当該事業年度終了の時において有する個別評価金銭債権につき，当該個別評価金銭債権に係る債務者について生じた法令の規定による整理手続によらない関係者の協議決定で①債権者集会の協議決定で合理的な基準により債務者の負債整理を定めているものや②行政機関，金融機関その他第三者のあっせんによる当事者間の協議により締結された契約でその内容が①に準ずるものに基づいてその弁済を猶予され，又は賦払により弁済される場合には当該個別評価金銭債権の額のうち当該事由が生じた日の属する事業年度終了の日の翌日から5年を経過する日までに弁済されることとなっている金額以外の金額については，個別評価金銭債権に係る貸倒引当金として繰入れすることができることとされています（法法52①，法令96①一ニ，法規25の2）。

6　書面による債権放棄

　法人の有する金銭債権について債務者の債務超過の状態が相当期間継続し，その金銭債権の弁済を受けることができないと認められる場合において，その債務者に対し書面により明らかにされた債務免除額についてはその事実の発生した日の属する事業年度において貸倒れとして損金の額に算入することとされています（法基通9－6－1(4)）。

　この「債務者の債務超過の状態が相当期間継続し」とは，債務超過の状態が通常3年ないし5年間債務超過の状態が続くことが考えられますが，形式的に判断するのではなく，回収不能かどうかの判断は，債権の発生時期，支払期日，債権回収の努力や，回収できない具体的な事情（例えば，災害や取引先の倒産等）など個別事情を勘案して総合的に判断して行うものと考えられます。

　なお，この「書面による債権放棄」は，債権者たる法人が債務者に対して書面により債務免除の事実を明らかにすればよいことから，内容証明郵便や公正証書等の書面に限らないものと考えられます。

Q＆A編

Q1 金銭債権の一部が更生計画認可の決定で切り捨てられたが，翌期に貸倒損失の会計処理を行った場合

　当社は製造業を営む3月決算法人です。

　当社は甲社に対して貸付金2,000万円を有しています。

　当社の取引先である甲社は，経営状態が悪化したため債務超過に陥り平成21年9月2日に更生手続開始の申立てをしました。

　そして，平成23年4月1日において，当社は平成23年3月30日に甲社に更生計画認可の決定があり，次のことが決定されたことを知りました。

(1)　甲社に平成23年3月30日に更生計画認可の決定があったこと。

(2)　当社が甲社に対して有する金銭債権2,000万円のうち70％が切り捨てられること。

(3)　当該債権の残額600万円については，第1回目の支払を平成24年3月30日とし，以後4年間（毎年3月30日に支払われる）にわたり150万円ずつ返済を受けること。

　当社が甲社に対して有する金銭債権2,000万円のうち70％が切り捨てられることから1,400万円を貸倒損失として計上することとなりますが，その計上時期については，当社は甲社に更生計画認可の決定があったことを知り，下記の会計処理を行った平成23年4月1日の属する事業年度である平成24年3月期の損金として処理しましたが，これでよろしいですか。

　なお，当社は平成23年3月期に係る法人税の確定申告書は申告期限前のため提出しておりません。

《平成24年3月期》

（平成23年4月1日）

　　（借）貸倒損失　14,000,000　　　　（貸）貸付金　14,000,000

Q&A編

```
(甲社)
        |              |              |
    平23.3.30        平23.3.31        平23.4.1
    更生計画認       決 算 期        貸倒損失の
    可の決定                          会計処理日
```

> **ANSWER**
>
> 　貴社が甲社に対して有する金銭債権2,000万円は，平成23年3月30日に更生計画認可の決定によりその70％が切り捨てられていることから，1,400万円については平成23年3月期の損金となります。
> 　なお，会計処理はすでに平成23年3月期に行うことはできませんので，申告調整（別表四）で減算処理することとなります。

解説

1　金銭債権の全部又は一部の切捨てをした場合の貸倒れ

　法人の有する金銭債権について次に掲げる事実が発生した場合には，その金銭債権の額のうち次に掲げる金額は，その事実の発生した日の属する事業年度において貸倒れとして損金の額に算入することとされています（法基通9－6－1）。

(1)　更生計画認可の決定又は再生計画認可の決定があった場合において，これらの決定により切り捨てられることとなった部分の金額

(2)　特別清算に係る協定の認可の決定があった場合において，この決定により切り捨てられることとなった部分の金額

(3)　法令の規定による整理手続によらない関係者の協議決定で次に掲げるものにより切り捨てられることとなった部分の金額

　　イ　債権者集会の協議決定で合理的な基準により債務者の負債整理を定め

ているもの
　ロ　行政機関又は金融機関その他の第三者のあっせんによる当事者間の協議により締結された契約でその内容がイに準ずるもの
(4)　債務者の債務超過の状態が相当期間継続し，その金銭債権の弁済を受けることができないと認められる場合において，その債務者に対し書面により明らかにされた債務免除額

　すなわち，法人の有する金銭債権については法人税基本通達9－6－1に掲げる事実が発生した場合には，当該金銭債権はその時点で消滅しているため損金経理を要件とせず，その事実が発生した日の属する事業年度の損金の額に算入することとなります。

2　本事例の場合

　貴社が甲社に対して有する金銭債権2,000万円は平成23年3月30日の更生計画認可の決定により当該金銭債権の70％の1,400万円については切り捨てられ，その時点で消滅していることから貴社の会計処理にかかわらず平成23年3月期の損金となるものと考えられます。
　なお，会計処理はすでに平成23年3月期に行うことはできませんので，申告調整（別表四）で減算処理することとなります。

《関係法令等》
　法基通9－6－1(1)

3　申告調整

　貴社が甲社に対して有する金銭債権2,000万円は，平成23年3月30日に更生計画認可の決定によりその70％が切り捨てられていることから，1,400万円については平成23年3月期の損金となるものと考えられます。
　なお，会計処理はすでに平成23年3月期に行うことはできませんので，申告調整（別表四）で減算処理することとなります。

Q＆A編

《平成23年3月期》

【会社経理】

なし

【税務仕訳】

(借)貸倒損失　14,000,000　　　(貸)貸　付　金　14,000,000

【税務修正仕訳】

(借)貸倒損失　14,000,000　　　(貸)貸　付　金　14,000,000

別表四

事業年度 22・4・1 ～ 23・3・31　法人名 ○○社

区　分		総　額 ①	処分 留保 ②	処分 社外流出 ③
当期利益又は当期欠損の額		円	円	配当　円
				その他
減算	減価償却超過額の当期認容額	14			
	納税充当金から支出した事業税等の金額	15			
	受取配当等の益金不算入額（別表八(一)「14」又は「29」）	16			※
	外国子会社から受ける剰余金の配当等の益金不算入額（別表八(二)「13」）	17			※
	受贈益の益金不算入額	18			※
	適格現物分配に係る益金不算入額	19			※
	法人税等の中間納付額及び過誤納に係る還付金額	20			
	所得税額及び欠損金の繰戻しによる還付金額等	21			※
	貸　倒　損　失　認　容	22	14,000,000	14,000,000	
		23			
		24			
	小　　　　計	25			外※

別表五㈠

| 事業年度 | 22・4・1 ～ 23・3・31 | 法人名 | ○○社 |

I 利益積立金額の計算に関する明細書

区　分		期首現在利益積立金額	当期の増減		差引翌期首現在・利益積立金額 ①－②＋③
			減	増	
		①	②	③	④
利　益　準　備　金	1	円	円	円	円
積　立　金	2				
貸　付　金	3		14,000,000		△14,000,000
	4				
	5				

Q & A 編

Q2 再生計画認可の決定において，一定の分割返済が終了した時点で消滅する金銭債権の貸倒損失の計上時期

当社は製造業を営む3月決算法人です。

当社は取引先である甲社に対して2,000万円の貸付金を有しています。

甲社は経営状態が悪化したため債務超過に陥り平成22年5月1日に再生手続開始の申立てをしました。

平成22年12月1日に甲社に再生計画認可の決定があり，次のことが定められていました。

(1) 当社が甲社に対して有する金銭債権2,000万円のうち70％が切り捨てられること。
(2) 当該債権の残額30％（600万円）のうち300万円については，第1回目の支払を平成23年12月1日とし以後4年間で分割して返済すること。
(3) (2)の分割返済が終了した時点で，残債権の300万円を免除すること。

回数	返済年月日	返済金額
第1回	平成23年12月1日	750,000円
第2回	平成24年12月1日	750,000円
第3回	平成25年12月1日	750,000円
第4回	平成26年12月1日	750,000円

当社が甲社に対して有する金銭債権2,000万円のうち70％が切り捨てられることから1,400万円と分割返済が終了した時点で消滅する300万円の合計1,700万円について平成23年3月期に下記の会計処理を行いましたが平成23年3月期の損金として認められますか。

なお，当社は平成23年3月期に係る法人税の確定申告書は申告期限前のため提出しておりません。

《平成23年3月期》

　　（借）貸 倒 損 失　17,000,000　　　（貸）貸　付　金　17,000,000

ANSWER

　貴社が甲社に対して有する金銭債権2,000万円のうち1,400万円については再生計画認可の決定により切り捨てられることから，その事実の発生した日の属する事業年度である平成23年3月期における貸倒損失は認められるものと考えられます。
　しかしながら，一定の分割返済が終了した時点で消滅する300万円については，平成23年3月期において貸倒損失を計上することは認められないものと考えられます。

解説

1　金銭債権の全部又は一部の切捨てをした場合の貸倒れ

　法人の有する金銭債権について次に掲げる事実が発生した場合には，その金銭債権の額のうち次に掲げる金額は，その事実の発生した日の属する事業年度において貸倒れとして損金の額に算入することとされています（法基通9－6－1）。

(1)　更生計画認可の決定又は再生計画認可の決定があった場合において，これらの決定により切り捨てられることとなった部分の金額

(2)　特別清算に係る協定の認可の決定があった場合において，この決定により切り捨てられることとなった部分の金額

(3)　法令の規定による整理手続によらない関係者の協議決定で次に掲げるものにより切り捨てられることとなった部分の金額

　　イ　債権者集会の協議決定で合理的な基準により債務者の負債整理を定めているもの

　　ロ　行政機関又は金融機関その他の第三者のあっせんによる当事者間の協議により締結された契約でその内容がイに準ずるもの

(4)　債務者の債務超過の状態が相当期間継続し，その金銭債権の弁済を受け

Q&A編

ることができないと認められる場合において，その債務者に対し書面により明らかにされた債務免除額

　すなわち，法人の有する金銭債権については法人税基本通達9－6－1に掲げる事実が発生した場合には当該金銭債権はその時点で消滅することとなります。

　したがって，貴社が甲社に対して有する金銭債権2,000万円のうち1,400万円については，上記のとおり，再生計画認可の決定により切り捨てられたことから，その事実の発生した日の属する事業年度である平成23年3月期において貸倒損失は認められるものと考えられます。

2　一定の分割返済が終了した時点で消滅する300万円

　債権の残額30%（600万円）のうち300万円については，第1回目の支払を平成23年12月1日とし以後4年間で分割して返済することになっており，その分割返済が終了した時点で，残債権300万円（600万円－300万円）を免除することとなっています。

　そうすると，一定の分割弁済が終了した時点で消滅する300万円については，一定の条件が成就した場合に効果が発生する停止条件（民127①）に該当するものと考えられます。

　したがって，平成23年3月期末時点では当該金銭債権は消滅していないことから貸倒損失を計上することは認められないものと考えられます。

《関係法令等》
　法基通9－6－1(1)
　民127①

3　申告調整

　一定の分割返済が終了した時点で消滅する300万円については平成23年3月期において貸倒損失の計上は認められませんので下記の申告調整を行うことと

なります。

《平成23年3月期》

【会社経理】

(借)貸 倒 損 失　17,000,000　　(貸)貸　付　金　17,000,000

【税務仕訳】

(借)貸 倒 損 失　14,000,000　　(貸)貸　付　金　14,000,000

【税務修正仕訳】

(借)貸　付　金　3,000,000　　(貸)貸 倒 損 失　3,000,000

別表四

区　分		総　額	処　分	
			留　保	社 外 流 出
		①	②	③
事業年度 22・4・1 〜 23・3・31　法人名 ○○社				
当期利益又は当期欠損の額	1	円	円	配当　　　円
				その他
加算	損金の額に算入した法人税（附帯税を除く。）	2			
	損金の額に算入した道府県民税（利子割額を除く。）及び市町村民税	3			
	損金の額に算入した道府県民税利子割額	4			
	損金の額に算入した納税充当金	5			
	損金の額に算入した附帯税（利子税を除く。),加算金、延滞金（延納分を除く。）及び過怠税	6			その他
	減価償却の償却超過額	7			
	役員給与の損金不算入額	8			その他
	交際費等の損金不算入額	9			その他
	貸倒損失過大	10	3,000,000	3,000,000	
	小　　計	11			

Q＆A編

別表五㈠

| 事業年度 | 22・4・1 ～ 23・3・31 | 法人名 | ○○社 |

I 利益積立金額の計算に関する明細書			
区　分	期首現在利益積立金額	当期の増減		差引翌期首現在・利益積立金額 ①－②＋③
		減	増	
	①	②	③	④
利　益　準　備　金 1	円	円	円	円
積　立　金 2				
貸　　付　　金 3			3,000,000	3,000,000
4				
5				

Q3 非更生債権の貸倒れの計上時期

　当社は建設業を営む3月決算法人です。
　当社の取引先である甲社は，経営状態が悪化したため債務超過に陥り平成22年9月1日に更生手続開始の申立てをし，平成22年10月15日に更生手続開始決定がありました。
　平成22年11月16日が更生債権届出の提出期限でしたが，当社は担当者の退職などにより事務引継ぎがうまくなされていなかったため貸付金500万円の更生債権として届出をしていませんでした。
　当社としては，甲社の更生手続に貸付金500万円を更生債権として届出していないことから，平成23年3月期に当社は下記の会計処理を行い当該金額について貸倒損失の計上を考えていますが認められますか。
　なお，平成23年3月31日の期末現在，甲社には更生計画の認可の決定がありません。

《平成23年3月期》
　　　（借）貸　倒　損　失　5,000,000　　　（貸）貸　付　金　5,000,000

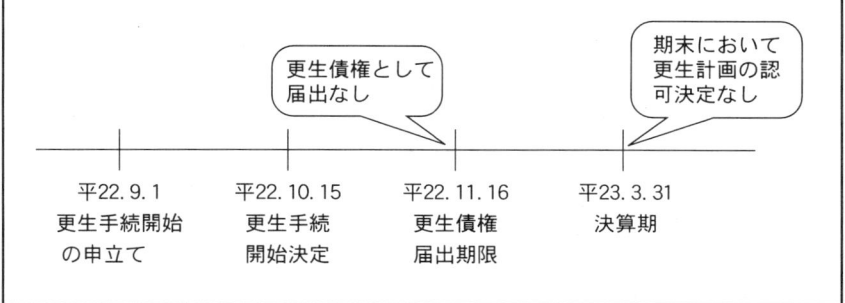

```
─────┼──────┼──────┼──────┼─────
  平22.9.1    平22.10.15   平22.11.16   平23.3.31
  更生手続開始  更生手続     更生債権     決算期
  の申立て    開始決定     届出期限
```

　　　　　　　　　　　　　更生債権として　　期末において
　　　　　　　　　　　　　届出なし　　　　　更生計画の認
　　　　　　　　　　　　　　　　　　　　　　可決定なし

Q & A 編

> **ANSWER**
>
> 　貴社が甲社に対して有する金銭債権500万円に係る貸倒れの計上時期は，甲社に更生計画の認可決定のあった日の属する事業年度となります。
> 　平成23年3月31日の期末現在，甲社には，更生計画の認可決定がないことから平成23年3月期に貴社が甲社に対して有する金銭債権500万円を貸倒れ処理することは認められないものと考えられます。

解説

1　更生債権の取扱い

　会社更生法の更生手続に参加しようとする更生債権者は，債権届出期間内に，各更生債権の内容及び原因，一般の優先債権がある債権又は約定劣後更生債権であるときはその旨，各更生債権についての議決権の額，その他最高裁判所規則で定める事項について，裁判所に届け出なければならないこととされています（会更138①②）。

　そして，更生計画認可の決定があったときは，更生計画の定め又はこの法律によって認められた権利などを除き，更生会社は，すべての更生債権等につきその責任を免れ，株主の権利及び更生会社の財産を目的とする担保権はすべて消滅することとされています（会更204①）。

　法人税の取扱いにおいても，債権法人が更生会社等に対して有する債権で指定された期限までに裁判所に届け出なかったため更生計画に係る更生債権とされなかったものについては，その金額を当該更生計画認可の決定のあった日において貸倒れとすることができることとされています（法基通14−3−7）。

2　本事例の場合

　上記1のとおり，貴社が甲社に対して有する金銭債権500万円に係る貸倒れの計上時期は，甲社に更生計画の認可決定のあった日の属する事業年度となり

ますので，平成23年3月31日の期末現在，甲社には更生計画の認可決定がないことから，平成23年3月期に貴社が甲社に対して有する金銭債権500万円を貸倒れ処理することは認められないものと考えられます。

なお，平成23年3月期において，貴社の甲社に対する売掛金は，甲社が法人税法施行令96条1項3号イの更生手続開始の申立てを行っていることから，当該金銭債権の50％相当額が個別評価金銭債権に係る貸倒引当金の繰入限度額になります。

《関係法令等》

法基通14－3－7

会更138①②，204①

Q4 ゴルフ会員権の預託金の一部が再生計画認可の決定により切り捨てられた場合

当社は卸売業を営む3月決算法人です。

当社は甲ゴルフクラブの会員権(帳簿価額3,000万円,入会金500万円,預託金2,500万円)を所有しています。

ところが,甲ゴルフ場の経営会社(以下「甲社」といいます)の経営状態が悪化したため甲社は平成22年7月1日に再生手続開始の申立てをし,平成22年12月1日に甲社に再生計画認可の決定があり,次のことが定められていました。

(1) 当社が甲社に対して有する金銭債権2,500万円のうち90％が切り捨てられること。
(2) 当該債権の残額10％(250万円)については,第1回目の支払を平成23年12月1日とし以後5年間で分割して返済すること。

回　数	返済年月日	返済率	返済金額
第1回	平成23年12月1日	2.0%	500,000円
第2回	平成24年12月1日	2.0%	500,000円
第3回	平成25年12月1日	2.0%	500,000円
第4回	平成26年12月1日	2.0%	500,000円
第5回	平成27年12月1日	2.0%	500,000円

ところで,当社は当該ゴルフ会員権について期末の市場価額100万円が取得価額の50％以上下落し,市場価額まで回収可能性がないと判断して下記の会計処理を行いました。

なお,当該ゴルフ場において,当該ゴルフ会員権で従来どおりプレーできます。

また,当社は平成23年3月期に係る法人税の確定申告書は申告期限前のため提出しておりせん。

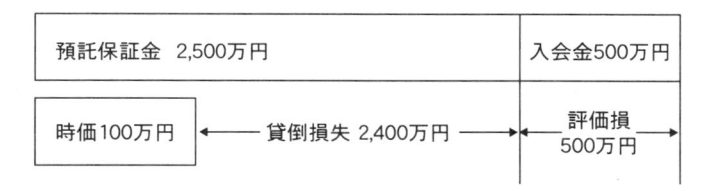

```
┌─────────────────────────────────────────────────────────┐
│   預託保証金 2,500万円                    入会金 500万円  │
│                                         ┌──────────────┤
│  ┌─────────┐                             │  評価損       │
│  │時価100万円│←── 貸倒損失 2,400万円 ──→  │  500万円      │
│  └─────────┘                             │              │
└─────────────────────────────────────────────────────────┘
```

《平成23年3月期》

（ゴルフ会員権の入会金部分）

　　（借）ゴルフ会員権評価損　5,000,000　（貸）ゴルフ会員権　5,000,000

（ゴルフ会員権の預託金部分）

　　（借）貸　倒　損　失　24,000,000　（貸）ゴルフ会員権　24,000,000

ANSWER

　甲ゴルフクラブの会員権の預託金2,500万円の90％である2,250万円は再生計画認可の決定により切り捨てられたことから，その事実の発生した日の属する事業年度である平成23年3月期の貸倒損失となりますので，貴社が貸倒損失として計上した2,400万円との差額150万円については申告調整で加算することとなります。

　また，当該ゴルフ場においては，当該ゴルフ会員権で従来どおりプレーできることからゴルフ会員権は預託金返還請求権として顕在化していないため金銭債権として貸倒損失及び貸倒引当金の対象とすることができないものと考えられます。

　したがって，ゴルフ会員権の入会金部分500万円については損金算入することができないため申告調整で加算することとなります。

解説

1　ゴルフ会員権についての会計基準

　施設利用権を化体した株式及び預託保証金であるゴルフ会員権等は取得価額

Q&A編

をもって計上することとされており、それらに時価があるものについて著しい時価の下落が生じた場合、又は時価を有しないものについて当該株式の発行会社の財政状態が著しく悪化した場合には有価証券に準じて減損処理を行うこととなります。また、預託保証金の回収可能性に疑義が生じた場合には債権の評価勘定として貸倒引当金を設定することとされています(金融商品会計に関する実務指針135)。

この著しい下落とは、ゴルフ会員権は有価証券に準じて評価することとされていますので、ゴルフ会員権の時価が取得価額に比べて50％程度以上下落した場合と考えられ、また、預託保証金の回収可能性の疑義とは、時価がある場合には、預託保証金の時価が著しく下落して、預託保証金額を下回ったような場合をいい、預託保証金を上回る部分は減損処理により直接評価損を計上し、下回る部分については貸倒引当金を設定することとなりますが(金融商品に関する実務指針311)、預託保証金の回収可能性がほとんどないと判断される場合には、貸倒損失額を預託保証金から直接控除することとなります(金融商品会計Q&A Q46)。

本事例の場合には取得価額3,000万円のゴルフ会員権の平成23年3月末の期末の時価が100万円になったことから、この入会金部分について、貴社は、

(借)ゴルフ会員権評価損　5,000,000　　(貸)ゴルフ会員権　5,000,000

と減損処理により直接評価損を計上し、

ゴルフ会員権の預託金部分について、貴社は取得価額の50％以上下落し、回収可能性がほとんどないと判断し預託保証金を市場価額まで評価減する下記の会計処理を行いました。

(借)貸　倒　損　失　24,000,000　　(貸)ゴルフ会員権　24,000,000

2　預託金制ゴルフクラブ会員権についての税務上の取扱い

法人の有する金銭債権について更生計画認可の決定又は再生計画認可の決定があった場合において、これらの決定により切り捨てられることとなった部分の金額は、その金銭債権の額のうちその事実の発生した日の属する事業年度に

おいて貸倒れとして損金の額に算入することとされています（法基通9－6－1(1)）。

　この取扱いが当該ゴルフ会員権に適用されるには，当該ゴルフ会員権の全部又は一部が金銭債権としての性格を有することが必要となります。

　この点について，預託金制ゴルフクラブのゴルフ会員権については，退会の届出，預託金の一部切捨て，破産手続開始の決定等の事実に基づき預託金返還請求権の全部又は一部が顕在化した場合において，当該顕在化した部分については，金銭債権として貸倒損失及び貸倒引当金の対象とすることができることとされています（法基通9－7－12(注)）。

　預託金制ゴルフクラブ会員権の法的性格は，会員のゴルフ場経営会社に対する契約上の地位であり，施設利用権，預託金返還請求権，年会費納入義務等を内容とする債権的法律関係であるといわれています（最高裁昭和61年9月11日）が，ゴルフ場を利用できる間は施設利用権が顕在化し，預託金返還請求権は潜在的・抽象的な権利にすぎないものとされています。

　すなわち，預託金制ゴルフクラブのゴルフ会員権については，退会の届出に基づき預託金返還請求権の全部又は一部が顕在化した場合において，当該顕在化した部分については，金銭債権として貸倒損失及び貸倒引当金の対象とすることができることとなります。

　しかしながら，当該ゴルフ場経営会社が再建型の倒産手続の再生手続開始の申立てが行われた場合には，通常，会員契約は解除されないため当該ゴルフ会員権で従来どおりプレーできることからゴルフ会員権は預託金返還請求権として顕在化していないので金銭債権として貸倒損失及び貸倒引当金の対象とすることができないものと考えられますが，当該ゴルフ場経営会社が再生計画認可の決定により預託金の一部が切り捨てられた場合には，契約変更により，預託金返還請求権の一部が金銭債権として顕在化した上でその一部が切り捨てられたとみることができるものと考えられます。

Q＆A編

3　本事例の場合

上記2のとおり，甲ゴルフクラブの会員権の預託金2,500万円の90％である2,250万円は再生計画認可の決定により切り捨てられたことから，その事実の発生した日の属する事業年度である平成23年3月期の貸倒損失となりますので，貴社が貸倒損失として計上した2,400万円との差額150万円については申告調整で加算することとなります。

また，当該ゴルフ場において，当該ゴルフ会員権で従来どおりプレーできることからゴルフ会員権は預託金返還請求権として顕在化していないため金銭債権として貸倒損失及び貸倒引当金の対象とすることができないものと考えられます。

したがって，ゴルフ会員権の入会金部分500万円については損金算入することができないため申告調整で加算することとなります。

《関係法令等》

法基通9－6－1(1)

法基通9－7－12（注）

金融商品会計に関する実務指針135，311

金融商品会計Q＆A　Q46

国税庁質疑応答事例（出所：国税庁ホームページ）

1　ゴルフ会員権の預託金の一部が切り捨てられた場合の取扱い

2　ゴルフ場について会社更生法の申立てがあった場合のゴルフ会員権に対する貸倒引当金の計上

3　申 告 調 整

甲ゴルフクラブの会員権の預託金2,500万円の90％である2,250万円は再生計画認可の決定により切り捨てられたことから，その事実の発生した日の属する事業年度である平成23年3月期の貸倒損失となりますので，貴社が貸倒損失として計上した2,400万円との差額150万円については申告調整で加算することとなります。

また，当該ゴルフ場において，当該ゴルフ会員権で従来どおりプレーできることから，ゴルフ会員権は預託金返還請求権として顕在化していないため金銭債権として貸倒損失及び貸倒引当金の対象とすることができないものと考えられます。

　したがって，ゴルフ会員権の入会金部分500万円については損金算入することができないことから下記の申告調整を行うこととなります。

《平成23年3月期》

【会社経理】

（ゴルフ会員権の入会金部分）
　（借）ゴルフ会員権評価損　5,000,000　　（貸）ゴルフ会員権　5,000,000

（ゴルフ会員権の預託金部分）
　（借）貸　倒　損　失　24,000,000　　（貸）ゴルフ会員権　24,000,000

【税務仕訳】
　（借）貸　倒　損　失　22,500,000　　（貸）ゴルフ会員権　22,500,000

【税務修正仕訳】
　（借）ゴルフ会員権　5,000,000　　（貸）ゴルフ会員権評価損　5,000,000
　（借）ゴルフ会員権　1,500,000　　（貸）貸　倒　損　失　1,500,000

Q&A編

別表四

| 事業年度 | 22・4・1 ～ 23・3・31 | 法人名 | ○○社 |

区　分		総　額	処　　分	
			留　保	社外流出
		①	②	③
当期利益又は当期欠損の額	1	円	円	配当 　　円
				その他
加	損金の額に算入した法人税（附帯税を除く。）	2			
	損金の額に算入した道府県民税（利子割額を除く。）及び市町村民税	3			
	損金の額に算入した道府県民税利子割額	4			
	損金の額に算入した納税充当金	5			
	損金の額に算入した附帯税（利子税を除く。），加算金，延滞金（延納分を除く。）及び過怠税	6			その他
	減価償却の償却超過額	7			
	役員給与の損金不算入額	8			その他
算	交際費等の損金不算入額	9			その他
	ゴルフ会員権評価損過大	10	5,000,000	5,000,000	
	貸倒損失過大	11	1,500,000	1,500,000	
	小　計	12			

別表五(一)

| 事業年度 | 22・4・1 ～ 23・3・31 | 法人名 | ○○社 |

Ⅰ　利益積立金額の計算に関する明細書

区　分		期首現在利益積立金額	当期の増減		差引翌期首現在利益積立金額 ① − ② + ③
			減	増	
		①	②	③	④
利　益　準　備　金	1	円	円	円	円
積　立　金	2				
ゴルフ会員権	3			5,000,000 1,500,000	6,500,000
	4				
	5				

Q5 ゴルフ会員権の預託金の一部が再生計画認可の決定により切り捨てられた場合において、預託金の取得価額が会員権記載の額面の預託金額を下回る場合の貸倒損失金額

当社は製造業を営む3月決算法人です。

当社は甲ゴルフクラブの会員権をゴルフ場の開設時に直接取得したものではなく業者を通じて取得し所有（帳簿価額2,180万円、その内訳は預託金2,000万円、名義書換料120万円、手数料60万円で、会員権記載の額面の預託金金額3,000万円）しています。

ところが、甲ゴルフ場の経営会社（以下「甲社」といいます）の経営状態が悪化したため債務超過に陥り甲社は平成22年5月1日に再生手続開始の申立てをし、平成22年10月30日に再生計画認可の決定がありました。

当該再生計画により、会員権記載の額面の預託金金額3,000万円のうち2,400万円が切り捨てられ預託金は600万円になりました。

当社としては、甲ゴルフ場の会員権の会員権記載の額面の預託金額3,000万円の80％である2,400万円が切り捨てられることから、当社の場合は預託金が2,000万円であるためその80％の1,600万円が切り捨てられ税務上貸倒損失として認められると考えてよろしいですか。

なお、当該ゴルフ場においては当該ゴルフ会員権で従来どおりプレーできます。

ANSWER

甲ゴルフクラブの会員権の預託金の取得価額2,000万円が会員権記載の額面の預託金額3,000万円を下回っている場合に貸倒損失として計上できる金額は、帳簿価額2,000万円と切捨て後の預託金の金額600万円との差額の1,400万円となります。

Q&A編

解説

1　預託金制ゴルフクラブ会員権の法的性格

　法人の有する金銭債権について更生計画認可の決定又は再生計画認可の決定があった場合において、これらの決定により切り捨てられることとなった部分の金額は、その金銭債権の額のうちその事実の発生した日の属する事業年度において貸倒れとして損金の額に算入することとされています（法基通9－6－1(1)）。

　この取扱いが当該ゴルフ会員権に適用されるには、当該ゴルフ会員権の全部又は一部が金銭債権としての性格を有することが必要となります。

　この点について、預託金制ゴルフクラブのゴルフ会員権については、退会の届出、預託金の一部切捨て、破産手続開始の決定等の事実に基づき預託金返還請求権の全部又は一部が顕在化した場合において、当該顕在化した部分については、金銭債権として貸倒損失及び貸倒引当金の対象とすることができることとされています（法基通9－7－12(注)）。

　預託金制ゴルフクラブ会員権の法的性格は会員のゴルフ場経営会社に対する契約上の地位であり、施設利用権、預託金返還請求権、年会費納入義務等を内容とする債権的法律関係であるといわれています（最高裁昭和61年9月11日）が、ゴルフ場を利用できる間は施設利用権が顕在化し、預託金返還請求権は潜在的・抽象的な権利にすぎないものとされています。

　すなわち、預託金制ゴルフクラブのゴルフ会員権については、退会の届出に基づき預託金返還請求権の全部又は一部が顕在化した場合において、当該顕在化した部分については、金銭債権として貸倒損失及び貸倒引当金の対象とすることができることになります。

　しかしながら、当該ゴルフ場経営会社が再建型の倒産手続の再生手続開始の申立てが行われた場合には、通常、会員契約は解除されないため当該ゴルフ会員権で従来どおりプレーできることからゴルフ会員権は預託金返還請求権として顕在化していないため金銭債権として貸倒損失及び貸倒引当金の対象とする

ことができないものと考えられますが，当該ゴルフ場経営会社が再生計画認可の決定により預託金の一部が切り捨てられた場合には，契約変更により，預託金返還請求権の一部が金銭債権として顕在化した上で，その一部が切り捨てられたとみることができます。

2　本事例の場合（預託金の取得価額が会員権証書記載の預託金額よりも低い場合）

　甲ゴルフクラブの会員権の預託金の取得価額2,000万円が会員権記載の額面の預託金額3,000万円を下回っている場合に貸倒損失として計上できる金額は，実際の預託金額である帳簿価額2,000万円と切捨て後の預託金の金額600万円との差額1,400万円となります。

《関係法令等》

　法基通9－6－1(1)

　法基通9－7－12(注)

　国税庁質疑応答事例（出所：国税庁ホームページ）

　　1　ゴルフ会員権の預託金の一部が切り捨てられた場合の取扱い

　　2　ゴルフ場について会社更生法の申立てがあった場合のゴルフ会員権に対する貸倒引当金の計上

Q＆A編

Q6 破産手続の終結決定があった場合の貸倒損失

　当社は製造業を営む3月決算法人です。

　当社は取引先の甲社に対して貸付金1,000万円を有していますが，甲社の経営状態が悪化し債務超過に陥り甲社は平成21年4月3日に破産手続開始の申立てを行いました。

　その後，平成21年4月24日に甲社に破産手続開始の決定があり，破産債権の届出，破産債権の確定，破産財団の換価に伴う配当が終了し，平成23年2月25日に破産手続の終結決定がありました。

　当社は，甲社に貸付金が1,000万円あったことから上記の破産債権の届出をして配当として合計50万円を受け取りました。

　当社としては，金銭債権の残額950万円について，平成23年3月期に貸倒損失として下記の会計処理を考えていますが，法基通9－6－1に破産手続の終結決定がありませんが認められますか。

《平成23年3月期》
　（借）貸倒損失　　9,500,000　　　（貸）貸　付　金　　9,500,000

ANSWER

　貴社が甲社に対して有する金銭債権950万円については，甲社に破産手続の終結決定があった時点が貸倒れの時点となるものと考えられます。

解説

1　金銭債権の全部又は一部の切捨てをした場合の貸倒れ

　法人の有する金銭債権について次に掲げる事実が発生した場合には，その金銭債権の額のうち次に掲げる金額は，その事実の発生した日の属する事業年度

において貸倒れとして損金の額に算入することとされています（法基通9－6－1）。
(1) 更生計画認可の決定又は再生計画認可の決定があった場合において，これらの決定により切り捨てられることとなった部分の金額
(2) 特別清算に係る協定の認可の決定があった場合において，この決定により切り捨てられることとなった部分の金額
(3) 法令の規定による整理手続によらない関係者の協議決定で次に掲げるものにより切り捨てられることとなった部分の金額
　　イ　債権者集会の協議決定で合理的な基準により債務者の負債整理を定めているもの
　　ロ　行政機関又は金融機関その他の第三者のあっせんによる当事者間の協議により締結された契約でその内容がイに準ずるもの
(4) 債務者の債務超過の状態が相当期間継続し，その金銭債権の弁済を受けることができないと認められる場合において，その債務者に対し書面により明らかにされた債務免除額

　この法人税基本通達9－6－1には破産手続の終結決定の規定がありません。これは，破産手続の場合には，会社更生法による更生債権や民事再生法による再生債権のように債権の切捨てという制度がないことによるものと考えられます。

　法人の破産の場合は破産手続開始の決定により解散し破産手続の終結決定により消滅することになりますが，個人の破産の場合は破産手続が終結しただけでは債務を免れるものではなく免責決定によって，破産手続における配当等で弁済されなかった残余の債務が免除されることになっています（破253①）。

　そこで，法人の破産手続の場合に，どの時点で貸倒れの処理ができるかが問題となります。

　この点について，平成20年6月26日に次の裁決があります。

　「法人が所有する金銭債権が貸倒れとなったか否かは，第一次的には，その金銭債権全体が滅失したか否かによって判定され，その債権が滅失している場

Q&A編

合には，法人がこれを貸倒れとして損金経理しているか否かにかかわらず，税務上はその債権が減失した時点において損金の額に算入することとなる。」との考え方を示し，「ところで法人の破産手続においては，配当されなかった部分の破産債権を法的に消滅させる免責手法はなく，裁判所が破産法人の財産がないことを公証の上，出すところの廃止決定又は終結決定があり，当該法人の登記が閉鎖されることとされており，この決定がなされた時点で当該破産法人は消滅することからすると，この時点において，当然，破産法人に分配可能な財産はないのであり，当該決定等により法人が破産法人に対して有する金銭債権もその全額が減失したとすることが相当であると解され，この時点が破産債権者にとって貸倒れの時点と考えられる。」としています（平成20.6.26裁決裁決事例集No.75）。

2　本事例の場合

上記1のとおり，貴社が甲社に対して有する金銭債権950万円については，甲社に破産手続の終結決定があった時点が貸倒れの時点となるものと考えられます。

《関係法令等》

　法基通9－6－1

　破253①

Q7 特定調停により債権放棄することとなった場合に、法人税基本通達9－6－1(4)に該当し貸倒損失の計上はできるのか

　当社は金融業を営む3月決算法人です。

　当社は融資先である甲社に対して800万円の貸付金を有しています。

　甲社の経営状態が悪化し債務超過の状態が相当期間継続したため甲社は平成22年5月1日に特定調停の申立てをしました。

　その後、当社の貸付金800万円のうち400万円については債権放棄し、残額400万円については今後4年間で返済することで調停の合意が成立し平成22年10月1日に調停調書が作成されました。

　当社は当該調停調書に基づき甲社に対して有する債権800万円のうち400万円を債権放棄したことから次の会計処理をしましたが、平成23年3月期の損金として認められますか。

《平成23年3月期》

　　（借）貸倒損失　4,000,000　　　（貸）貸　付　金　4,000,000

ANSWER

　貴社が甲社に対して行った400万円の債権放棄が、①甲社の債務超過の状態が相当期間継続しており、②①により、金銭債権の弁済を受けることができないと認められること、③債務者に対し書面（特定調停においては調停調書）により明らかにした債権放棄であることを満たしていれば法人税基本通達9－6－1(4)により、平成23年3月期において貸倒損失として計上することが認められるものと考えられます。

Q&A編

解説

1　特定調停

　特定債務者等の調整の促進のための特定調停に関する法律（以下「特定調停法」といいます）は，支払不能に陥るおそれのある債務者等の経済的再生に資するため，民事調停法の特例として特定調停の手続を定めることにより，このような債務者が負っている金銭債務に係る利害関係の調整を促進することを目的としています（特定調停法1）。

　この特定調停法において「特定調停」とは，特定債務者（金銭債務を負っている者であって，支払不能に陥るおそれのあるもの若しくは事業の継続に支障を来すことなく弁済期にある債務を弁済することが困難であるもの又は債務超過に陥るおそれのある法人をいいます）が民事調停法2条の規定により申し立てる特定債務等の調整に係る調停であって，当該調停の申立ての際に特定調停手続により調停を行うことを求める旨の申述があったものをいいます（特定調停法2①③）。

　調停委員会は，特定調停のために特に必要があると認めるときは，当事者又は参加人に対し，事件に関係のある文書又は物件の提出を求めることができ（特定調停法12），また，調停委員会は特定調停を行うに当たり，職権で，事実の調査及び必要であると認める証拠調べをすることができることとされています（特定調停法13）。

　そして，調停委員会が特定調停に係る事件の当事者に対し調停条項案を提示する場合には，当該調停条項案は，特定債務者の経済的再生に資するとの観点から，公正かつ妥当で経済的合理性を有する内容のものでなければならないこととされ（特定調停法15），調停において当事者間に合意が成立し，これを調書に記載したときは，調停が成立したものとし，その記載は，裁判上の和解と同一の効力を有することとされています（特定調停法22，民事調停法16，18③）。

2　金銭債権の全部又は一部の切捨てをした場合の貸倒れ

　法人の有する金銭債権について次に掲げる事実が発生した場合には，その金

銭債権の額のうち次に掲げる金額は，その事実の発生した日の属する事業年度において貸倒れとして損金の額に算入することとされています（法基通9－6－1）。

(1) 更生計画認可の決定又は再生計画認可の決定があった場合において，これらの決定により切り捨てられることとなった部分の金額
(2) 特別清算に係る協定の認可の決定があった場合において，この決定により切り捨てられることとなった部分の金額
(3) 法令の規定による整理手続によらない関係者の協議決定で次に掲げるものにより切り捨てられることとなった部分の金額
　イ　債権者集会の協議決定で合理的な基準により債務者の負債整理を定めているもの
　ロ　行政機関又は金融機関その他の第三者のあっせんによる当事者間の協議により締結された契約でその内容がイに準ずるもの
(4) 債務者の債務超過の状態が相当期間継続し，その金銭債権の弁済を受けることができないと認められる場合において，その債務者に対し書面により明らかにされた債務免除額

　上記の法人税基本通達9－6－1(1)及び(2)には，特定調停法の規定の適用はありませんが，これは特定調停法には法的に債権を切り捨てるという制度がないものと考えられます。
　そのため，調停委員会が特定調停に係る債権者に調停条項案を提示して，債権者が当該調停条項案を合意し，それに基づき金銭債権の全部又は一部の債権放棄をした場合の貸倒れについては，上記の法人税基本通達9－6－1(3)及び(4)を検討することとなります。
　国税庁ＨＰの質疑応答事例（法人税基本通達9－6－1(3)ロに該当する貸倒損失（特定調停））によれば，特定調停により債権放棄することとなる金額が，法人税基本通達9－6－1(3)ロに該当し，貸倒れとして損金の額に算入できる場合としては，①債権者集会と同様に大部分の債権者が特定調停手続に参加し，②

Q&A編

負債整理が合理的な基準により定められている場合などがこれに該当するものと考えられますと説明されています。

同事例において，この「合理的な基準」とは，一般的に，すべての債権者についておおむね同一の条件でその切捨額等が定められているような場合をいうが，例えば，少額債権者については優先的に弁済するようなことも，状況次第によっては「合理的な基準」に該当するものと考えられますと説明されています。

また，国税庁ＨＰの質疑応答事例（法人税基本通達9－6－1(4)に該当する貸倒損失（特定調停））によれば，法人債権者が行った債権放棄の額が，法人税基本通達9－6－1(4)に該当し，貸倒れとして損金の額に算入できる要件は，次のとおりですと説明されています。

① 債務超過の状態が相当期間継続していること
② ①により，金銭債権の弁済を受けることができないと認められること
③ 債務者に対し書面（特定調停においては調停調書）により明らかにした債権放棄であること

なお，金銭債権の弁済を受けることができないか否かは，債務者の実質的な財産状態を検討する必要があることから，①の「債務超過」の状態か否かは，時価ベースにより判定することになると説明されています。

3　本事例の場合

本事例の場合は，法人税基本通達9－6－1(3)ロに該当するかどうかは本事例の要件（当該特定調停に債権者の大部分が参加したかどうかなど）だけでは判断できませんが，法人税基本通達9－6－1(4)の要件には，①甲社の債務超過の状態が相当期間継続しており，②①により，金銭債権の弁済を受けることができないと認められること，③債務者に対し書面（特定調停においては調停調書）により明らかにした債権放棄であることを満たしていれば法人税基本通達9－6－1(4)により，平成23年3月期において貸倒損失として計上することが認められるものと考えられます。

《関係法令等》

法基通9－6－1⑶,⑷

特定調停法1，2①③，12，13，15，22

民調16，18③

国税庁質疑応答事例（出所：国税庁ホームページ）

1　貸倒損失に該当する債権放棄（特定調停）

2　法人税基本通達9－6－1⑶ロに該当する貸倒損失（特定調停）

3　法人税基本通達9－6－1⑷に該当する貸倒損失（特定調停）

Q & A 編

Q8 法人税基本通達9－6－1⑷の「債務者の債務超過の状態が相当期間継続し，」の「債務超過」とは簿価ベースか時価ベースのいずれで判断するのか

　当社は金融業を営む3月決算法人です。

　当社は融資先である甲社に2,000万円を貸付けしています。

　甲社の債務超過（簿価）の状態が相当期間継続しており，当社に当該貸付金の返済がなされていません。

　そこで，平成23年3月期において，当社は当該貸付金について法人税基本通達9－6－1⑷の「債務者の債務超過の状態が相当期間継続しその金銭債権の弁済を受けることができないと認められる場合」に該当するものとして下記の会計処理を考えていますが認められますか。

《平成23年3月期》

　　（借）貸 倒 損 失　20,000,000　　（貸）貸　付　金　20,000,000

　なお，甲社の直近の貸借対照表を時価ベースで評価したところ含み益のある土地がありこれを評価したところ下記のとおり債務超過にはなっていないことが判明しました。

甲社の貸借対照表（簿価）

資　産	負　債
5,000万円(注)	7,000万円
	純資産の部
	▲2,000万円

甲社の貸借対照表（時価）

資　産	負　債
9,000万円	7,000万円
	純資産の部
	2,000万円

（注）　土地の含み益4,000万円があります。

> ## ANSWER
> 法人税基本通達9－6－1⑷の「債務者の債務超過の状態が相当期間継続し，」の「債務超過」とは，簿価ベースでなく，あくまでも時価ベースで行って判断することになります。

解説

1 債務者の債務超過の相当期間継続による書面による債権放棄

　法人の有する金銭債権について，債務者の債務超過の状態が相当期間継続し，その金銭債権の弁済を受けることができないと認められる場合において，その債務者に対し書面により明らかにされた債務免除額はその事実の発生した日の属する事業年度において貸倒れとして損金の額に算入することとされています（法基通9－6－1⑷）。

　この「債務者の債務超過の状態が相当期間継続し，」の「債務超過」について，資産，負債を帳簿価額で判断するのか，あるいは，資産，負債を時価に評価し直して判断するかが問題となります。

　この点については，債務者の支払能力を算定するということからすれば資産，負債を帳簿価額ではなく，時価により評価し直して債務超過かどうかを判断することになるものと考えられます。

　したがって，土地や上場有価証券などのように時価のある資産については帳簿価額よりも時価が高い場合（含み益）には，これをもとに債務超過かどうかを判断することとなります。

　また，当該資産が帳簿価額よりも時価が低い場合（含み損）もありますので，帳簿上は債務超過になっていなくても，時価で評価し直すと債務超過になっている場合もあります。

Q&A編

2 本事例の場合

上記1のとおり，法人税基本通達9－6－1⑷の「債務者の債務超過の状態が相当期間継続し，」の「債務超過」とは，簿価ベースでなく，あくまでも時価ベースで行って判断することになります。

したがって，甲社は時価ベースでは債務超過になっていないことから，貸倒損失の計上は認められないこととなります。

《関係法令》

　法基通9－6－1⑷

Q9 法人税基本通達9－6－1⑷の債務者の債務超過の状態の「相当期間継続」とは何年間債務超過の状態が継続していればよいのか

　当社は製造業を営む3月決算法人です。

　当社は取引先甲社（3月決算法人）に対して貸付金3,000万円を有しています。

　平成20年3月期から甲社の経営状態が悪化し債務超過に陥っており，業績や資産状況から判断しても今後貸付金3,000万円は全く回収できる見込みがありません。

　そこで，当社は法人税基本通達9－6－1⑷の「債務者の債務超過の状態が相当期間継続し，その金銭債権の弁済を受けることができないと認められる場合」に該当するものとして平成23年3月25日に甲社に対して内容証明郵便で債務免除通知を送付し下記の会計処理をしました。

《平成23年3月期》

　　（借）貸倒損失　30,000,000　　（貸）貸　付　金　30,000,000

　平成23年3月期において，当社としては甲社の債務超過の状態が3年間継続していることから上記通達の「債務者の債務超過の状態が相当期間継続」していると考えて貸倒損失として計上しましたが認められますか。

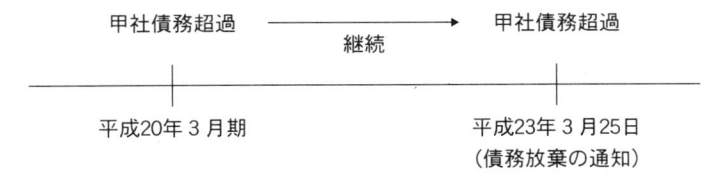

```
甲社債務超過 ──────────→ 甲社債務超過
                継続
├─────────────────────────┤
平成20年3月期            平成23年3月25日
                        （債務放棄の通知）
```

ANSWER

法人税基本通達 9 - 6 - 1 (4) の「債務者の債務超過の状態が相当期間継続し」とは,債務超過の状態が通常 3 年ないし 5 年間続くことが考えられますが,形式的に判断するものではなく,回収不能かどうかの判断は,債権の発生時期,支払期日,債権回収の努力や,回収できない具体的な事情(例えば,災害や取引先の倒産等)など個別事情を勘案して総合的に判断して行うことになるものと考えられます。

貴社の場合は,債権の発生時期,支払期日,債権回収の努力や,回収できない具体的な事情など個別事情を勘案して総合的に判断して回収不能と判断されれば貸倒損失の計上は認められるものと考えられます。

解説

1 金銭債権の全部又は一部の切捨てをした場合の貸倒れ

法人の有する金銭債権について次に掲げる事実が発生した場合には,その金銭債権の額のうち次に掲げる金額は,その事実の発生した日の属する事業年度において貸倒れとして損金の額に算入することとされています(法基通 9 - 6 - 1)。

(1) 更生計画認可の決定又は再生計画認可の決定があった場合において,これらの決定により切り捨てられることとなった部分の金額

(2) 特別清算に係る協定の認可の決定があった場合において,この決定により切り捨てられることとなった部分の金額

(3) 法令の規定による整理手続によらない関係者の協議決定で次に掲げるものにより切り捨てられることとなった部分の金額

 イ 債権者集会の協議決定で合理的な基準により債務者の負債整理を定めているもの

 ロ 行政機関又は金融機関その他の第三者のあっせんによる当事者間の協

議により締結された契約でその内容がイに準ずるもの
　⑷　債務者の債務超過の状態が相当期間継続し，その金銭債権の弁済を受けることができないと認められる場合において，その債務者に対し書面により明らかにされた債務免除額

　この⑷の「債務者の債務超過の状態が相当期間継続し」とは，債務超過の状態が通常3年ないし5年間続くことが考えられますが，形式的に判断するものではなく，回収不能かどうかの判断は，債権の発生時期，支払期日，債権回収の努力や，回収できない具体的な事情（例えば，災害や取引先の倒産等）など個別事情を勘案して総合的に判断して行うことになるものと考えられます。

　したがって，仮に，取引先が倒産したような場合には，債務者の債務超過の状態が3年以下であっても貸倒損失が認められる場合もありうると考えられます。

2　本事例の場合

　上記1のとおり，法人税基本通達9－6－1⑷のこの「債務者の債務超過の状態が相当期間継続し」とは，債務超過の状態が通常3年ないし5年間続くことが考えられますが，形式的に判断するのではなく，回収不能かどうかの判断は，債権の発生時期，支払期日，債権回収の努力や回収できない具体的な事情（例えば，災害や取引先の倒産等）など個別事情を勘案して総合的に判断して行うことになるものと考えられます。

　貴社の場合は，甲社からの債権の債権回収の努力や，回収できない具体的な事情など個別事情を勘案して総合的に判断して回収不能と判断されれば貸倒損失の計上は認められるものと考えられます。

《関係法令》
　法基通9－6－1⑷

Q&A編

Q10 債務者の資産状態等を検討しないで行った債務免除

当社は製造業を営む3月決算法人です。

当社は取引先の甲社(3月決算法人)に対して200万円の貸付金を有していますが、最近、甲社の資金繰りが悪化したようで貸付金の返済がなされていません。

そこで、当社は仮に返済がなされたとしても長期期間かかると考えられることから、この際、書面による債務免除の通知を行い、平成23年3月期に甲社に対する貸付金について貸倒処理することを考えていますが、税務上、この処理で問題ありませんか。

なお、甲社については、事業は継続して行われています。

ANSWER

書面による債務免除は、債務者の債務超過の状態が相当期間継続しその金銭債権の弁済を受けることができない場合に貸倒損失として処理できることから、その点の検討がなされていないのであれば、貸倒損失の計上には問題があり、債務者の資産状態等から債務者に返済能力があるにもかかわらず、債務免除した場合には債権者から債務者への贈与となり寄附金に該当するものと考えられます。

解説

1 金銭債権の全部又は一部の切捨てをした場合の貸倒れ

法人の有する金銭債権について次に掲げる事実が発生した場合には、その金銭債権の額のうち次に掲げる金額は、その事実の発生した日の属する事業年度

において貸倒れとして損金の額に算入することとされています（法基通9－6－1）。
(1) 更生計画認可の決定又は再生計画認可の決定があった場合において，これらの決定により切り捨てられることとなった部分の金額
(2) 特別清算に係る協定の認可の決定があった場合において，この決定により切り捨てられることとなった部分の金額
(3) 法令の規定による整理手続によらない関係者の協議決定で次に掲げるものにより切り捨てられることとなった部分の金額
　　イ　債権者集会の協議決定で合理的な基準により債務者の負債整理を定めているもの
　　ロ　行政機関又は金融機関その他の第三者のあっせんによる当事者間の協議により締結された契約でその内容がイに準ずるもの
(4) 債務者の債務超過の状態が相当期間継続し，その金銭債権の弁済を受けることができないと認められる場合において，その債務者に対し書面により明らかにされた債務免除額

したがって，債務者に対し書面による債務免除を行う場合には，債務者の債務超過の状態が相当期間継続し，その金銭債権の弁済を受けることができないことを具体的な資料に基づき立証することが必要になってきますが，債務者の資産状態等から債務者に返済能力があるにもかかわらず，債務免除した場合には債権者から債務者への贈与となり，寄附金に該当するものと考えられます（法法37⑦⑧）。

2　本事例の場合

上記1のとおり，書面による債務免除は債務者の債務超過の状態が相当期間継続し，その金銭債権の弁済を受けることができない場合に貸倒損失として処理ができることから，その点の検討がなされていないのであれば，貸倒損失の計上には問題があり，債務者の資産状態等から債務者に返済能力があるにもかかわらず，債務免除した場合には債権者から債務者への贈与となり，寄附金に

Q&A編

該当するものと考えられます。

《関係法令》

　法法37⑦⑧

　法基通9－6－1(4)

Q11 当期に債権放棄を行ったが，経理部への連絡が遅れ会計処理が翌期になった場合に貸倒損失の計上時期は会計処理を行ったときか

当社は卸売業を営む３月決算法人です。

当社は取引先の甲社（３月決算法人）に対して2,000万円の貸付金を有していますが，甲社の経営状態が悪化し債務超過の状態が相当期間続いており，当該金銭債権の回収は困難な状況にあります。

そこで，当社は法人税基本通達９－６－１(4)の「債務者の債務超過の状態が相当期間継続し，その金銭債権の弁済を受けることができないと認められる場合」に該当するものとして平成23年３月25日に取締役会で債権放棄の決議を行い平成23年３月26日に債権放棄の通知を配達証明付の内容証明郵便で行い甲社には平成23年３月29日に到達しました。

当社としては，平成23年３月期の貸倒損失として計上すべきところ，決算期の事務処理が重なり経理部への連絡が遅れ貸倒損失の会計処理については平成23年４月５日に行いましたので甲社に対する債権放棄に係る貸倒損失の計上については，平成24年３月期に貸倒損失として計上する予定ですがこの処理でよろしいですか。

なお，当社は平成23年３月期に係る法人税の確定申告書は申告期限前のため提出しておりません。

《会計処理》

（平成23年４月５日）

　　　（借）貸 倒 損 失　20,000,000　　　（貸）貸 付 金　20,000,000

> 貸倒れの会計処理，この時点での貸倒れでよいか？

平23.3.25	平23.3.26	平23.3.29	平23.3.31	平23.4.5
(取締役会決議)	(債権放棄通知書発送)	(甲社に到達)	(決算日)	(貸倒れの会計処理)

87

Q&A編

> **ANSWER**
>
> 貴社が甲社に対して有する金銭債権に係る債権放棄による貸倒損失の計上については，会計処理を行った平成24年3月期の損金ではなく債権放棄の事実の発生した日の属する平成23年3月期において貸倒れとして損金の額に算入することとなりますので貴社の平成23年3月期の申告調整で減算することとなります。

解説

1 金銭債権の全部又は一部の切捨てをした場合の貸倒れ

　法人の有する金銭債権について次に掲げる事実が発生した場合には，その金銭債権の額のうち次に掲げる金額は，その事実の発生した日の属する事業年度において貸倒れとして損金の額に算入することとされています（法基通9－6－1）。

(1) 更生計画認可の決定又は再生計画認可の決定があった場合において，これらの決定により切り捨てられることとなった部分の金額

(2) 特別清算に係る協定の認可の決定があった場合において，この決定により切り捨てられることとなった部分の金額

(3) 法令の規定による整理手続によらない関係者の協議決定で次に掲げるものにより切り捨てられることとなった部分の金額

　イ　債権者集会の協議決定で合理的な基準により債務者の負債整理を定めているもの

　ロ　行政機関又は金融機関その他の第三者のあっせんによる当事者間の協議により締結された契約でその内容がイに準ずるもの

(4) 債務者の債務超過の状態が相当期間継続し，その金銭債権の弁済を受けることができないと認められる場合において，その債務者に対し書面により明らかにされた債務免除額

すなわち，法人の有する金銭債権については上記に掲げる事実が発生した場合には，当該金銭債権はその時点で消滅することから損金経理を要件とせず，その事実が発生した日の属する事業年度の損金の額に算入することとなります。

　したがって，貴社が甲社に対して有する金銭債権に係る債権放棄による貸倒損失の計上については，会計処理を行った平成24年3月期の損金ではなく債権放棄の事実の発生した日の属する平成23年3月期において貸倒れとして損金の額に算入することとなりますので貴社の平成23年3月期の申告調整で減算することになります。

2　本事例の場合

　上記1のとおり，貴社が甲社に対して有する金銭債権に係る債権放棄による貸倒損失の計上については，会計処理を行った平成24年3月期の損金ではなく債権放棄の事実の発生した日の属する平成23年3月期において貸倒れとして損金の額に算入することとなります。

《関係法令》

　法基通9－6－1(4)

3　申告調整

　貴社が甲社に対して有する金銭債権に係る債権放棄による貸倒損失の計上については，会計処理を行った平成24年3月期の損金ではなく債権放棄の事実の発生した日の属する平成23年3月期において貸倒れとして損金の額に算入することとなりますので申告調整で減算することになります。

《平成23年3月期》

【会社経理】

　なし

【税務仕訳】

　（借）貸倒損失　20,000,000　　（貸）貸　付　金　20,000,000

Q＆A編

【税務修正仕訳】

(借) 貸 倒 損 失 20,000,000　　(貸) 貸 付 金 20,000,000

別表四

区　分		総　額	処　分		
			留　保	社 外 流 出	
		①	②	③	
当期利益又は当期欠損の額		円	円	配当	円
				その他	
〜〜					
減算	減価償却超過額の当期認容額	14			
	納税充当金から支出した事業税等の金額	15			
	受取配当等の益金不算入額（別表八(一)「14」又は「29」）	16			※
	外国子会社から受ける剰余金の配当等の益金不算入額（別表八(二)「13」）	17			※
	受贈益の益金不算入額	18			※
	適格現物分配に係る益金不算入額	19			※
	法人税等の中間納付額及び過誤納に係る還付金額	20			
	所得税額等及び欠損金の繰戻しによる還付金額等	21			※
	貸 倒 損 失 認 容	22	20,000,000	20,000,000	
		23			
		24			
	小　　　計	25			外※

別表五(一)

| 事業年度 | 22・4・1 ～ 23・3・31 | 法人名 | ○○社 |

I 利益積立金額の計算に関する明細書					
区　　　分		期首現在利益積立金額	当期の増減		差引翌期首現在利益積立金額 ①－②＋③
^		①	減 ②	増 ③	④
利 益 準 備 金	1	円	円	円	円
積　立　金	2				
貸　　付　　金	3		20,000,000		△20,000,000
	4				
	5				

Q&A編

Q12 債権の一部の貸倒れは認められるか

　当社は製造業を営む3月決算法人です。

　当社は取引先である甲社（3月決算法人）に対して3,000万円の貸付金を有しています。

　甲社は経営状態が悪化して債務超過に陥っており当社に対する貸付金の返済がなされていません。

　下記のように，甲社の資産状況，支払能力等から判断すると当社の甲社に対する貸付金3,000万円のうち1,500万円が回収不能な状況にあります。

　そのため，平成23年3月期において，当社としては甲社に対する貸付金3,000万円のうち回収不能な1,500万円について下記のような貸倒損失として処理することを考えていますが，この処理で認められますか。

《平成23年3月期》

　　（借）貸 倒 損 失　15,000,000　　　（貸）貸 付 金　15,000,000

　　甲社の貸借対照表（時価）
　　　平成23年3月31日

資　産	負　債
5,000万円(注)	10,000万円
	純資産の部
	▲5,000万円

$30,000,000円 \times \dfrac{50,000,000円}{100,000,000円} = 15,000,000円$（回収可能額）

$30,000,000円 - 15,000,000円 = 15,000,000円$（回収不能額）

　（注）　資産は時価とし，資産には抵当権等の担保権の設定はありません。

> **ANSWER**
>
> 　法人の有する金銭債権につき，その債務者の資産状況，支払能力等からみてその全額が回収できないことが明らかになった場合には，その明らかになった事業年度において貸倒れとして損金経理をすることができることとされていますので，金銭債権3,000万円の一部である1,500万円の貸倒れは認められないものと考えられます。
>
> 　なお，貴社が甲社に対して有する金銭債権について，法人税法施行令96条1項2号の要件に該当すれば個別評価金銭債権に係る貸倒引当金の繰入れを行うことができるものと考えられます。

解説

1　事実上の貸倒れ

　法人の有する金銭債権につき，その債務者の資産状況，支払能力等からみてその<u>全額が回収できない</u>ことが明らかになった場合には，その明らかになった事業年度において貸倒れとして損金経理をすることができることとされています（法基通9－6－2）。

　したがって，金銭債権3,000万円の一部である1,500万円の貸倒れは認められないこととなります。

　ところで，平成21年度の税制改正において法人税法33条《資産の評価損の損金不算入》の改正が行われました。

　改正前の法人税法33条2項において，内国法人の有する資産（預金，貯金，<u>貸付金，売掛金その他の債権を除きます</u>）につき，災害による著しい損傷により当該資産の価額が帳簿価額を下回ることとなったこと等一定の事実が生じた場合には，損金経理により期末時価までの評価損又は評価換えによる減額部分の評価損を計上することとされていました。

　改正後においては，内国法人の有する<u>資産</u>につき，災害による著しい損傷に

Q＆A編

より当該資産の価額がその帳簿価額を下回ることとなったこと等一定の事実が生じた場合には，その内国法人が当該資産の評価換えをして損金経理によりその帳簿価額を減額したときは，その減額した部分の金額のうち，その評価換えの直前の当該資産の帳簿価額とその評価換えをした日の属する事業年度終了の時における当該資産の価額との差額に達するまでの金額は，その評価換えをした日の属する事業年度の所得の金額の計算上，損金の額に算入することとされました（法法33②）。

すなわち，従来，金銭債権は評価損の対象から除かれていましたが，平成21年の改正により，金銭債権についても評価損の対象に含まれることになりましたが，これは，更生計画認可の決定や再生計画認可の決定その他これらに準ずる場合であり，金銭債権の含み損については，法人税法52条の貸倒引当金の規定が適用されることになるものと考えられます。

そのため，法人の有する金銭債権は法人税法33条2項《資産の評価換えによる評価損の損金算入》の評価換えの対象とならないこととされています（法基通9－1－3の2）。

ただし，法人税法施行令68条1項《資産の評価損の計上できる事実》に規定する「法的整理の事実」が生じた場合において，法人の有する金銭債権の帳簿価額を損金経理により減額したときは，その減額した金額に相当する金額については，法人税法52条《貸倒引当金》の貸倒引当金勘定に繰り入れた金額として取り扱うこととされています（法基通9－1－3の2（注））。

すなわち，法的整理の場合には，その減額された金額は評価損として損金算入されるものではなく，貸倒引当金勘定として繰り入れることとなります。

なお，この「法的整理の事実」には，例えば，民事再生法の規定による再生手続開始の決定があったことにより，同法124条1項《財産の価額の評定等》の評定が行われることが該当することとされています（法基通9－1－3の3）。

そうすると，本事例の場合のような一部貸倒れは認められないものと考えられます。

なお，貴社が甲社に対して有する金銭債権については，法人税法施行令96条

1項2号の規定の要件に該当すれば当該個別評価金銭債権に係る貸倒引当金の繰入れを行うことができることになります。

したがって，当該内国法人が当該事業年度終了の時において有する個別評価金銭債権に係る債務者につき，債務超過の状態が相当期間継続し，かつ，その営む事業に好転の見通しがないこと，災害，経済事業の急変等により多大な損害が生じたことその他の事由が生じていることにより，当該個別評価金銭債権の一部の金額につきその取立て等の見込みがないと認められる場合（法令96①一に掲げる場合を除きます）には，当該一部の金額に相当する金額について当該個別評価金銭債権に係る貸倒引当金の繰入れを行うことができることとされています（法令96①二）ので，この点を検討することになります。

2　本事例の場合

上記1のとおり，法人の有する金銭債権につきその債務者の資産状況，支払能力等からみてその全額が回収できないことが明らかになった場合には，その明らかになった事業年度において貸倒れとして損金経理をすることができることとされていますので，金銭債権3,000万円の一部である1,500万円の貸倒れは認められないこととなります。

なお，貴社が甲社に対して有する金銭債権については，法人税法施行令96条1項2号の規定の要件に該当すれば当該個別評価金銭債権に係る貸倒引当金の繰入れを行うことができることとなります。

《関係法令》

旧法法33②

法法33②

法令96①二

法基通9－6－2

法基通9－1－3の2

法基通9－1－3の3

Q＆A編

3　申告調整

　仮に貴社が甲社に対する貸付金3,000万円のうち1,500万円について貸倒損失を計上した場合には，下記の申告調整を行うこととなります（なお，法令96①二の個別評価金銭債権に係る貸倒引当金の繰入事由がないものとします）。

《平成23年3月期》

　【会社経理】

　　（借）貸 倒 損 失　15,000,000　　（貸）貸　付　金　15,000,000

　【税務仕訳】

　　なし

　【税務修正仕訳】

　　（借）貸　付　金　15,000,000　　（貸）貸 倒 損 失　15,000,000

別表四

| 事業年度 | 22・4・1 ～ 23・3・31 | 法人名 | ○　○　社 |

区　分		総　額	処　分	
			留　保	社外流出
		①	②	③
当期利益又は当期欠損の額	1	円	円	配当　　　円
				その他
加算	損金の額に算入した法人税（附帯税を除く。）	2			
	損金の額に算入した道府県民税（利子割額を除く。）及び市町村民税	3			
	損金の額に算入した道府県民税利子割額	4			
	損金の額に算入した納税充当金	5			
	損金の額に算入した附帯税（利子税を除く。），加算金，延滞金（延納分を除く。）及び過怠税	6			その他
	減価償却の償却超過額	7			
	役員給与の損金不算入額	8			その他
	交際費等の損金不算入額	9			その他
	貸倒損失過大	10	15,000,000	15,000,000	
	小　　計	11			

別表五㈠

| 事業年度 | 22・4・1 ～ 23・3・31 | 法人名 | ○　○　社 |

I　利益積立金額の計算に関する明細書

区　分		期首現在利益積立金額	当期の増減		差引翌期首現在利益積立金額 ①－②＋③
			減	増	
		①	②	③	④
利　益　準　備　金	1	円	円	円	円
積　立　金	2				
貸　　付　　金	3			15,000,000	15,000,000
	4				
	5				

Q&A編

Q13 破産手続の終結決定前に貸倒損失の計上ができる場合があるか

　当社は製造業を営む3月決算法人です。

　当社は取引先の甲社に対して1,000万円の貸付金を有しています。

　甲社は経営状態が悪化し債務超過に陥ったため平成21年6月3日に破産手続開始の申立てを行いました。

　その後，平成21年6月24日に甲社に破産手続開始の決定があり，破産債権の届出，破産債権の確定，破産財団の換価が行われ当社は配当50万円を受け取りましたが，破産手続の終結決定は平成23年4月以降になりそうです。

　そこで，当社としては，もう配当も受け取れないことから平成23年3月期に甲社に対して有する金銭債権950万円について，貸倒損失を計上しようと考えていますが認められますか。

《平成23年3月期》

　　（借）貸 倒 損 失　　9,500,000　　（貸）貸　付　金　　9,500,000

ANSWER

　破産手続終結の前であっても，破産管財人から配当金額零円であることの証明や，その証明が受けられない場合であっても，債務者の資産の処分が終了して，今後の回収が見込まれないまま破産終結までに相当な期間がかかるときは，破産終結前であっても，配当がないことが明らかな場合には，法人税基本通達9－6－2を適用し貸倒損失として損金の額に算入することも認められるものと考えられます。

解説

1 金銭債権の全部又は一部の切捨てをした場合の貸倒れ

　法人の有する金銭債権について次に掲げる事実が発生した場合には，その金銭債権の額のうち次に掲げる金額は，その事実の発生した日の属する事業年度において貸倒れとして損金の額に算入することとされています（法基通9－6－1）。

(1)　更生計画認可の決定又は再生計画認可の決定があった場合において，これらの決定により切り捨てられることとなった部分の金額

(2)　特別清算に係る協定の認可の決定があった場合において，この決定により切り捨てられることとなった部分の金額

(3)　法令の規定による整理手続によらない関係者の協議決定で次に掲げるものにより切り捨てられることとなった部分の金額

　　イ　債権者集会の協議決定で合理的な基準により債務者の負債整理を定めているもの

　　ロ　行政機関又は金融機関その他の第三者のあっせんによる当事者間の協議により締結された契約でその内容がイに準ずるもの

(4)　債務者の債務超過の状態が相当期間継続し，その金銭債権の弁済を受けることができないと認められる場合において，その債務者に対し書面により明らかにされた債務免除額

　この法人税基本通達9－6－1には破産法の規定がありません。

　これは，破産手続の場合には，会社更生法による更生債権や民事再生法による再生債権のように債権の切捨てという制度がないことによるものと考えられます。

　なお，破産手続の終結決定があった場合の貸倒損失については，Q6を参照してください。

2 回収不能の金銭債権の貸倒れ

　法人の有する金銭債権につき，その債務者の資産状況，支払能力等からみて

Q＆A編

その全額が回収できないことが明らかになった場合には，その明らかになった事業年度において貸倒れとして損金経理することができることとされています（法基通9－6－2）。

この場合において，当該金銭債権について担保物があるときは，その担保物を処分した後でなければ貸倒れとして損金経理をすることできないこととされています（法基通9－6－2）。

ところで，破産手続の終結決定前に貸倒損失が計上できるかについて，平成20年6月26日の裁決で次のように述べられています。

「破産の手続の終結前であっても破産管財人から配当金額零円であることの証明がある場合や，その証明が受けられない場合であっても債務者の資産の処分が終了し，今後の回収が見込まれないまま破産終結までに相当な期間がかかるときは，破産終結決定前であっても配当がないことが明らかな場合は，法人税基本通達9－6－2を適用し，貸倒損失として損金経理を行い，損金の額に算入することも認められる。」（平成20.6.26裁決，裁決事例集No.75）

3　本事例の場合

貴社が甲社に対して有する金銭債権950万円については，上記2のとおり，甲社の破産手続の終結前であっても，破産管財人からの配当金額零円であることの証明や，その証明が受けられない場合であっても，債務者の資産の処分が終了して，今後の回収が見込まれないまま破産手続終結までに相当の期間がかかるときは，破産終結前であっても，配当がないことが明らかな場合には法人税基本通達9－6－2を適用し貸倒損失として損金の額に算入することも認められるものと考えられます。

《関係法令等》

　法基通9－6－1

　法基通9－6－2

　破253①

Q14 翌期に利益の計上が見込まれる場合に貸倒損失の計上時期を翌期にできるか

当社は製造業を営む3月決算法人です。

当社は甲社に対して貸付金1,500万円を有しています。

甲社は経営状態が悪化したため債務超過の状態が相当期間継続しており，かつ，その営む事業に好転の見通しがなく，甲社の資産状況，支払状況等からみてその全額が平成23年3月期に回収できないことが明らかになりました。

当社の平成23年3月期の所得は200万円程度の見込みです。

仮に，当社は甲社に対する債権1,500万円全額を貸倒損失に計上すると赤字申告となりますし，また，当社としては，翌期に工場跡地を売却（売却益が2,000万円程度の見込み）する予定のため，翌期の平成24年3月期に貸倒損失を計上する予定ですがこの処理でよろしいですか。

ANSWER

貴社が甲社に対して有する金銭債権1,500万円については，甲社の資産状況，支払能力等からみてその金銭債権の全額が回収できないことが明らかになった事業年度である平成23年3月期の貸倒損失となるため，貸倒損失を翌期に計上することはできないものと考えられます。

解説

1 貸倒損失の計上時期について

貸倒損失の計上時期については，法人税基本通達に次のように定められています。

Q&A編

(1) **金銭債権の全部又は一部の切捨てをした場合の貸倒れ**

法人の有する金銭債権について次に掲げる事実が発生した場合には，その金銭債権の額のうち次に掲げる金額は，その事実の発生した日の属する事業年度において貸倒れとして損金の額に算入することとされています（法基通9－6－1）。

　① 更生計画認可の決定又は再生計画認可の決定があった場合において，これらの決定により切り捨てられることとなった部分の金額
　② 特別清算に係る協定の認可の決定があった場合において，この決定により切り捨てられることとなった部分の金額
　③ 法令の規定による整理手続によらない関係者の協議決定で次に掲げるものにより切り捨てられることとなった部分の金額
　　イ 債権者集会の協議決定で合理的な基準により債務者の負債整理を定めているもの
　　ロ 行政機関又は金融機関その他の第三者のあっせんによる当事者間の協議により締結された契約でその内容がイに準ずるもの
　④ 債務者の債務超過の状態が相当期間継続し，その金銭債権の弁済を受けることができないと認められる場合において，その債務者に対し書面により明らかにされた債務免除額

甲社の場合には，上記法人税基本通達9－6－1の事由には該当しないことからこの対象とはなりません。

(2) **回収不能の金銭債権の貸倒れ**

法人の有する金銭債権につき，その債務者の資産状況，支払能力等からみてその全額が回収できないことが明らかになった場合には，その明らかになった事業年度において貸倒れとして損金経理することができることとされています。

この場合において，当該金銭債権について担保物があるときは，その担保物を処分した後でなければ貸倒れとして損金経理をすることができないこととされています（法基通9－6－2）。

貴社の甲社に対する貸付金については，この法人税基本通達9－6－2が該

当することになります。

　したがって，貴社が甲社に対して有する金銭債権1,500万円については，甲社の資産状況，支払能力等からみてその金銭債権の全額が回収できないことが明らかになった事業年度である平成23年3月期の貸倒損失となるため貸倒損失を翌期に計上することはできないものと考えられます。

2　本事例の場合

　上記1のとおり，貴社が甲社に対して有する金銭債権1,500万円については，甲社の資産状況，支払能力等からみてその金銭債権の全額が回収できないことが明らかになった事業年度である平成23年3月期の貸倒損失となるため，貸倒損失を翌期に計上することはできないものと考えられます。

《関係法令等》
　法基通9－6－1
　法基通9－6－2

Q&A編

Q15 担保物からの回収可能額が僅少の場合に貸倒れは認められるか

　当社は金融業を営む3月決算法人です。

　当社は取引先である建設業者甲社（決算期11月）に対して3,000万円の貸付金を有しています。

　甲社の経営状態が急激に悪化していることから、当該金銭債権の返済期限が到来しているにもかかわらず、当社に当該金銭債権の返済がありません。当社は甲社から直近の決算書（平成22年11月期）を取り寄せて資産内容を確認したところ甲社は債務超過（時価ベース）の状態に陥っており、かつ、当社が貸付金の担保を設定（抵当権）しているA土地（抵当権設定当時の処分見込価額1億5,000万円，現在の処分見込価額1億円）について担保の設定状況を確認したところ次のとおりとなっていました。

	先順位者	担保債権額
1	乙　社	70,000,000円
2	丙　社	27,000,000円
3	当　社	30,000,000円
4	丁　社	23,000,000円
	合　計	150,000,000円

　平成23年3月期において、当社としては甲社の土地に抵当権を設定しているが先順位者乙社及び丙社がおり、回収可能額は300万円と債権額3,000万円に対してわずかとなるので、当社が甲社に対して有する債権3,000万円から300万円を控除した残額について

《平成23年3月期》

　　（借）貸 倒 損 失　27,000,000　　（貸）貸　付　金　27,000,000

の会計処理を行いましたが認められますか。

　なお、当社は平成23年3月期に係る法人税の確定申告書は申告期限前の

> ため提出しておりません。

ANSWER

貴社が甲社に対して有する貸付金について貸倒損失を計上することは担保物の土地を処分していないことからできないものと考えられます。

解説

1　事実上の貸倒れ

　法人の有する金銭債権につき，その債務者の資産状況，支払能力等からみてその全額が回収できないことが明らかになった場合には，その明らかになった事業年度において，貸倒れとして損金経理をすることができることとされています（法基通9－6－2）。

　この場合において，当該金銭債権について担保物があるときは，その担保物を処分した後でなければ貸倒れとして損金経理をすることはできないものとされています（法基通9－6－2）。

　この取扱いが適用されるのは，その債務者の資産状況，支払能力等からみてその全額が回収できないことが明らかになった場合に，その明らかになった事業年度において，貸倒れとして損金経理をすることが必要となります。

　貴社の場合には，貴社のA社に対する貸付金3,000万円については，甲社のA土地に抵当権を設定しており，たとえ，先順位者乙社及び丙社がいることから回収可能額は300万円（土地の処分見込価額1億円－乙社及び丙社の担保債権額9,700万円）と回収可能額が債権額に対して僅少となっているとしても，担保物の土地を処分するまでは貸倒損失を計上することはできないものと考えられます。

Q&A編

2 債務超過状態の相当期間継続等による一部取立不能額

　当該内国法人が当該事業年度終了の時において有する個別評価金銭債権に係る債務者につき，債務超過の状態が相当期間継続し，かつ，その営む事業に好転の見通しがないこと，災害，経済事業の急変等により多大な損害が生じたことその他の事由が生じていることにより，当該個別評価金銭債権の一部の金額につきその取立て等の見込みがないと認められる場合（法令96①一に掲げる場合を除きます）には，当該一部の金額に相当する金額について当該個別評価金銭債権に係る貸倒引当金の繰入れを行うことができることとされています（法令96①二）。

　そして，法人税法施行令96条1項2号《貸倒引当金勘定への繰入限度額》に規定する「その他の事由が生じていることにより，当該個別評価金銭債権の一部の金額につきその取立て等の見込みがないと認められる場合」には，法人の有するその金銭債権の額のうち担保物の処分によって得られると見込まれる金額以外の金額につき回収できないことが明らかになった場合において，その担保物の処分に日時を要するときを含むこととされています（法基通11－2－8）。

　したがって，貴社が有するその金銭債権の額のうち担保物の処分によって得られると見込まれる金額以外の金額につき回収できないことが明らかで，当該担保物の処分に日時を要すると認められるときには当該回収できないことが明らかになった金額について法人税法施行令96条1項2号の個別評価金銭債権に係る貸倒引当金の繰入れを行うことができるものと考えられます。

《関係法令》

　法令96①二

　法基通9－6－2

　法基通11－2－8

3　申告調整

　貴社が甲社に対して有する金銭債権のうち貸倒損失として計上した2,700万円については担保物の土地を処分していないことから計上できませんので下記

の申告調整を行うこととなります（なお，法令96①二の個別評価金銭債権に係る貸倒引当金の繰入事由がないものとします）。

《平成23年3月期》

【会社経理】

　（借）貸 倒 損 失　27,000,000　　（貸）貸　付　金　27,000,000

【税務仕訳】

　なし

【税務修正仕訳】

　（借）貸　付　金　27,000,000　　（貸）貸 倒 損 失　27,000,000

Q＆A編

別表四

| 事業年度 | 22・4・1 ～ 23・3・31 | 法人名 | ○ ○ 社 |

区　分		総　額	処　分	
			留　保	社 外 流 出
		①	②	③
当期利益又は当期欠損の額	1	円	円	配当 　円
				その他
加算	損金の額に算入した法人税（附帯税を除く。）	2			
	損金の額に算入した道府県民税（利子割額を除く。）及び市町村民税	3			
	損金の額に算入した道府県民税利子割額	4			
	損金の額に算入した納税充当金	5			
	損金の額に算入した附帯税（利子税を除く。），加算金，延滞金（延納分を除く。）及び過怠税	6			その他
	減価償却の償却超過額	7			
	役員給与の損金不算入額	8			その他
	交際費等の損金不算入額	9			その他
	貸 倒 損 失 過 大	10	**27,000,000**	**27,000,000**	
	小　　計	11			

別表五(一)

| 事業年度 | 22・4・1 ～ 23・3・31 | 法人名 | ○ ○ 社 |

Ⅰ　利益積立金額の計算に関する明細書					
区　分		期首現在利益積立金額	当期の増減		差引翌期首現在利益積立金額 ①－②＋③
			減	増	
		①	②	③	④
利 益 準 備 金	1	円	円	円	円
積　立　金	2				
貸　　付　　金	3			**27,000,000**	**27,000,000**
	4				
	5				

Q16 貸倒損失の計上は保証人が破産手続開始の申立てを行った場合に認められるか

　当社は金融業を営む3月決算法人です。

　当社は不動産業の甲社に対して貸付金5,000万円を有しています。

　甲社は経営状態が悪化したため債務超過の状態が相当期間継続しており，かつ，その営む事業に好転の見通しがなく，甲社の資産状況，支払状況等からみて当社の金銭債権の全額が回収できない状況にあります。

　そのため，当社は甲社に対して有する貸付金5,000万円について貸倒損失として下記の会計処理を行いました。

《平成23年3月期》

　　（借）貸　倒　損　失　50,000,000　　（貸）貸　付　金　50,000,000

　なお，当社は甲社の代表取締役乙を保証人としていますが，乙は平成22年5月11日に破産手続開始の申立てを行っております。

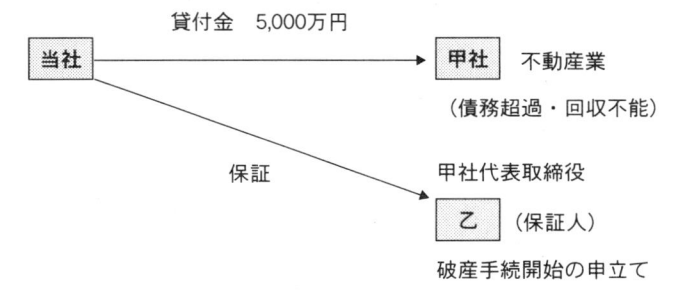

```
              貸付金　5,000万円
  ┌────┐ ──────────────→ ┌────┐
  │当社│                      │甲社│  不動産業
  └────┘                      └────┘
      \                      （債務超過・回収不能）
       \
        \ 保証          甲社代表取締役
         \              ┌────┐
          ─────────→ │ 乙 │（保証人）
                        └────┘
                        破産手続開始の申立て
```

　当社の平成23年3月期において，当社が甲社に対して有する貸付金5,000万円については，甲社の経営状態が悪化したため債務超過の状態が相当期間継続しており，その営む事業に好転の見通しがなく，甲社の資産状況，支払状況等からみてその全額が回収できない状況にあり，かつ，甲社の保証人である乙は，平成22年5月11日に破産手続開始の申立てを行っていることから，貸倒損失を計上しても認められると考えていますがこの

Q&A編

処理でよろしいですか。

なお,当社は平成23年3月期に係る法人税の確定申告書は申告期限前のため提出しておりません。

ANSWER

貴社が甲社に対して有する金銭債権5,000万円について貸倒損失を計上しても保証人乙がいることから認められないものと考えられます。

解説

1 回収不能の金銭債権の貸倒れ

法人の有する金銭債権につき,その債務者の資産状況,支払能力等からみてその全額が回収できないことが明らかになった場合には,その明らかになった事業年度において貸倒れとして損金経理することができることとされています(法基通9-6-2)。

この場合において,当該金銭債権について担保物があるときは,その担保物を処分した後でなければ貸倒れとして損金経理をすることはできないこととされています(法基通9-6-2)。

この場合の担保物には,抵当権などの物的担保の他に人的保証も含まれることになります。

したがって,貴社の場合,甲社の代表取締役乙が保証人となっていることから,乙が平成22年5月11日に破産手続開始の申立てを行っていたとしても,貸倒損失5,000万円の計上は認められないものと考えられます。

2 債務超過状態の相当期間継続等による一部取立不能額

当該内国法人が当該事業年度終了の時において有する個別評価金銭債権に係る債務者につき,債務超過の状態が相当期間継続し,かつ,その営む事業に好

転の見通しがないこと，災害，経済事情の急変等により多大な損害が生じたことその他の事由が生じていることにより，当該個別評価金銭債権の一部の金額につきその取立て等の見込みがないと認められる場合には，その一部の金額に相当する金額について貸倒引当金を繰り入れることができることとされています（法令96①二）。

そして，当該個別評価金銭債権の一部の金額につきその取立て等の見込みがないと認められる場合における「当該一部の金額に相当する金額」とは，その金銭債権の額から担保物の処分による回収可能額及び人的保証に係る回収可能額などを控除して算定することになりますが，保証人について，法人税法施行令96条1項3号に掲げる事由が生じている場合には，回収可能額を考慮しなくてもよいこととされています（法基通11−2−7）。

この場合の法人税法施行令96条1項3号《貸倒引当金勘定への繰入限度額》に掲げる事由とは，下記のものをいいます。

① 更生手続開始の申立て
② 再生手続開始の申立て
③ 破産手続開始の申立て
④ 特別清算の開始の申立て
⑤ ①から④までに掲げる事由に準ずるものとして財務省令で定める事由

なお，この①から④までに掲げる事由とは，手形交換所による取引停止処分をいいます（法規25の3）。

3　本事例の場合

上記1のとおり，貴社が甲社に対して有する金銭債権について貸倒損失5,000万円を計上しても，保証人乙がいることから当該貸倒損失は認められないものと考えられますが，本事例の場合，甲社は債務超過の状態が相当期間継続しており，かつ，その営む事業に好転の見通しがないとのことですので，法人税法施行令96条1項2号の要件に該当すれば当該個別評価金銭債権の一部の金額につきその取立て等の見込みがないと認められる金額については貸倒引当

Q&A編

金を繰り入れることができるものと考えられます。

　なお，貴社が甲社に対して有する金銭債権について，法人税法施行令96条1項2号の要件を満たしていれば，保証人乙は法人税法施行令96条1項3号ハの破産手続開始の申立てを行っていることから，保証人乙からの回収可能額を考慮しないで，法人税法施行令96条1項2号の個別評価金銭債権に係る貸倒引当金の繰入限度額を計算することができます。

《関係法令等》
　法令96①二
　法令96①三
　法規25の3
　法基通9－6－2
　法基通11－2－7

4　申　告　調　整

　貴社が甲社に対して有する貸付金5,000万円について貸倒損失を計上しても，保証人乙がいることから認められないものと考えられますので下記の申告調整をすることとなります（なお，法令96①二の個別評価金銭債権に係る貸倒引当金の繰入事由がないものとします）。

《平成23年3月期》
【会社経理】
　（借）貸 倒 損 失　50,000,000　　（貸）貸　付　金　50,000,000
【税務仕訳】
　な　し
【税務修正仕訳】
　（借）貸　付　金　50,000,000　　（貸）貸 倒 損 失　50,000,000

別表四

| 事業年度 | 22・4・1 ～ 23・3・31 | 法人名 | ○○社 |

区　分		総　額	処　分	
			留　保	社外流出
		①	②	③
当期利益又は当期欠損の額	1	円	円	配当　　円
				その他
加算	損金の額に算入した法人税（附帯税を除く。）	2			
	損金の額に算入した道府県民税（利子割額を除く。）及び市町村民税	3			
	損金の額に算入した道府県民税利子割額	4			
	損金の額に算入した納税充当金	5			
	損金の額に算入した附帯税（利子税を除く。），加算金，延滞金（延納分を除く。）及び過怠税	6			その他
	減価償却の償却超過額	7			
	役員給与の損金不算入額	8			その他
	交際費等の損金不算入額	9			その他
	貸倒損失過大	10	50,000,000	50,000,000	
	小　計	11			

別表五(一)

| 事業年度 | 22・4・1 ～ 23・3・31 | 法人名 | ○○社 |

I　利益積立金額の計算に関する明細書

区　分		期首現在利益積立金額	当期の増減		差引翌期首現在利益積立金額 ①－②＋③
			減	増	
		①	②	③	④
利　益　準　備　金	1	円	円	円	円
積　立　金	2				
貸　付　金	3			50,000,000	50,000,000
	4				
	5				

Q&A 編

Q17 貸倒れの対象となる保証債務の求償権は債権者が履行請求された時点で発生するか

当社は製造業を営む3月決算法人です。

平成21年10月1日に当社は得意先である建設業の甲社が乙銀行からの借入金について連帯保証をしました。

今般，甲社は経営状態が急激に悪化したため債務超過に陥って倒産したため甲社は乙銀行への支払ができなくなりました。

そのため，当社は乙銀行から保証債務の履行として平成23年3月26日に4,000万円を請求されました。

当社は，資金繰りが苦しいことから，返済方法について期末現在乙銀行と協議中です。

当社は，乙銀行から平成23年3月26日に4,000万円請求されたこと及び甲社からは当該金額を回収できないことから貸倒損失として平成23年3月29日に下記の会計処理を行いましたが，認められますか。

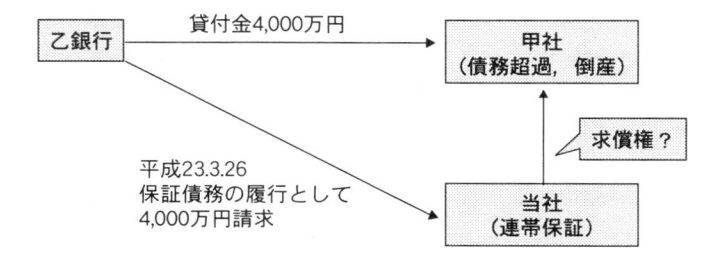

```
                貸付金4,000万円
  乙銀行 ──────────────────→  甲社
     \                         (債務超過，倒産)
      \                              ↑
       \                         求償権？
        \                            │
   平成23.3.26                        │
   保証債務の履行として          当社
   4,000万円請求  ──────────→   (連帯保証)
```

《平成23年3月期》

（借）未収金（求償権）　40,000,000　（貸）未　払　金　40,000,000
（借）貸　倒　損　失　40,000,000　（貸）未収金（求償権）　40,000,000

なお，当社は平成23年3月期に係る法人税の確定申告書は申告期限前のため提出しておりません。

ANSWER

　保証債務は実際に履行するまでは貴社に甲社に対する求償権（債権）は発生しません。

　したがって，貴社は貸倒損失を計上することはできないものと考えられます。

解説

1　保証債務の貸倒れ

　法人の有する金銭債権につき，その債務者の資産状況，支払能力等からみてその全額が回収できないことが明らかになった場合には，その明らかになった事業年度において貸倒れとして損金経理することができることとされています（法基通9－6－2）。この場合において，当該金銭債権について担保物があるときは，その担保物を処分した後でなければ貸倒れとして損金経理をすることはできないこととされています（法基通9－6－2）。

　そして，保証債務は現実にこれを履行した後でなければ貸倒れの対象にすることはできないこととされています（法基通9－6－2（注））。

　これは，保証人が主たる債務者の委託を受けて保証をした場合において，過失なく債権者に弁済をすべき旨の裁判の言渡しを受け，又は主たる債務者に代わって弁済をし，その他自己の財産をもって債務を消滅させるべき行為をしたときは，その保証人は，主たる債務者に対して求償権を有することとされています（民459①）。

　したがって，自己の財産をもって債務を消滅させるべき行為をしたときに，その保証人は主たる債務者に対して求償権を取得することとなり，この求償権が貸倒れの対象となります。

　すなわち，保証債務を履行していない時点では，保証債務は単なる偶発債務にすぎず，求償権を取得したことにならないため貸倒れの対象とはならないも

Q&A編

のと考えられます。

2　本事例の場合

上記1のとおり，貸倒れの対象となるのは求償権であり，本事例のように貴社が乙銀行から保証債務の履行として平成23年3月26日に4,000万円を請求されていますが，貴社の資金繰りが苦しいことから，期末時点では返済方法については乙銀行と協議中であり，返済自体はされていない状況にあるとのことです。

したがって，保証債務を履行していない時点では，単なる偶発債務にすぎず求償権を取得していないことから，貴社が甲社に対して計上した貸倒損失は認められないものと考えられます。

《関係法令等》

　法基通9－6－2
　民459①

3　申告調整

保証債務は実際に履行するまでは貴社に甲社に対する求償権（債権）は発生しないことから下記の申告調整をすることとなります。

《平成23年3月期》

【会社経理】

　（借）未　収　金　40,000,000　（貸）未　払　金　40,000,000
　（借）貸　倒　損　失　40,000,000　（貸）未　収　金　40,000,000

【税務仕訳】

　なし

【税務修正仕訳】

　（借）未　払　金　40,000,000　（貸）未　収　金　40,000,000
　（借）未　収　金　40,000,000　（貸）貸　倒　損　失　40,000,000

別表四

区　　　　分		総　　額	処　　　　　分	
			留　保	社　外　流　出
		①	②	③
当期利益又は当期欠損の額	1	円	円	配当　　　　　円
				その他
加	損金の額に算入した法人税（附帯税を除く。）	2			
	損金の額に算入した道府県民税（利子割額を除く。）及び市町村民税	3			
	損金の額に算入した道府県民税利子割額	4			
	損金の額に算入した納税充当金	5			
	損金の額に算入した附帯税（利子税を除く。)，加算金，延滞金（延納分を除く。）及び過怠税	6			その他
	減価償却の償却超過額	7			
	役員給与の損金不算入額	8			その他
算	交際費等の損金不算入額	9			その他
	貸倒損失過大	10	40,000,000	40,000,000	
	小　　　計	11			

別表五(一)

事業年度 22・4・1 ～ 23・3・31　法人名　○○社

Ⅰ　利益積立金額の計算に関する明細書

区　　　分		期首現在利益積立金額	当　期　の　増　減		差引翌期首現在利益積立金額 ① － ② ＋ ③
			減	増	
		①	②	③	④
利　益　準　備　金	1	円	円	円	円
積　立　金	2				
未　　払　　金	3			40,000,000	40,000,000
未　　収　　金	4			40,000,000 △40,000,000	0
	5				

Q&A編

Q18 債務者が倒産し，期末現在，期日未到来の受取手形について貸倒損失の計上はできるのか

当社は製造業を営む3月決算法人です。

当社の得意先である甲社の経営状態は急激に悪化し債務超過に陥ったため平成22年11月に事実上倒産しました。

当社は代表者に連絡をとろうとしましたが，行方不明のため連絡がとれません。

なお，当社は甲社に対して期末現在期日未到来の下記の受取手形を有しています。

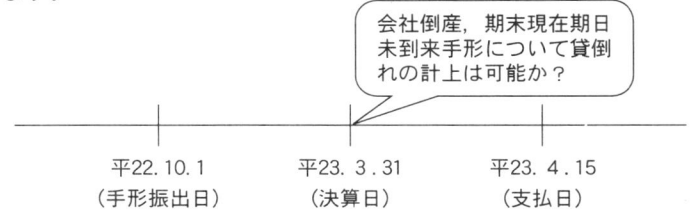

```
         |              |              |
      平22.10.1      平23.3.31      平23.4.15
     （手形振出日）    （決算日）      （支払日）
```

（会社倒産，期末現在期日未到来手形について貸倒れの計上は可能か？）

当社としては，甲社から当該受取手形の回収が見込まれないことから平成23年3月期にこの受取手形について，貸倒損失として会計処理を行いましたがこの貸倒損失の処理は認められますか。

ANSWER

貴社が甲社に対して有する金銭債権について，甲社の資産状況，支払能力等から判断して，債権の全額が回収不能と認められれば，期日未到来の受取手形であっても貸倒損失として損金経理をすることが認められるものと考えられます。

解説

1 回収不能の金銭債権の貸倒れ

法人の有する金銭債権につき，その債務者の資産状況，支払能力等からみてその全額が回収できないことが明らかになった場合には，その明らかになった事業年度において貸倒れとして損金経理することができることとされています（法基通9－6－2）。この場合において，当該金銭債権について担保物があるときは，その担保物を処分した後でなければ貸倒れとして損金経理をすることはできないこととされています（法基通9－6－2）。

2 本事例の場合

甲社の資産状況，支払能力等についての詳細が明らかではありませんが，上記1のとおり，仮に平成23年3月期末時点で甲社の資産状況，支払能力等から当該受取手形が平成23年4月15日の決済日に決済されないことが明らかであると判断できれば，期日未到来の受取手形であっても貸倒損失として損金経理をすることが認められるものと考えられます。

なお，当該金銭債権について担保物があるときは，その担保物を処分した後でなければ貸倒れとして損金経理をすることはできませんので留意して下さい。

《関係法令等》

法基通9－6－2

Q&A編

Q19 債務者の資産状況，支払能力等が悪化したためその取引を停止した時以後1年以上経過した場合に貸倒損失の計上はできるか

当社は卸売業を営む3月決算法人です。

当社は長年の得意先である甲社の資産状況，支払能力等が悪化し売掛金の回収できないことから甲社との取引を平成21年9月に停止して1年以上経過しています．

当社は甲社に対する売掛金について，平成23年3月期にその売掛金から備忘価額を控除した残額について貸倒損失を計上しましたが認められますか。

ANSWER

貴社が甲社に対して有する売掛金から備忘価額を控除した残額について，貸倒損失の計上は認められるものと考えられます。

解説

1 金銭債権の全部又は一部の切捨てをした場合の貸倒れ及び回収不能の金銭債権の貸倒れ

法人の有する金銭債権について，更生計画認可の決定又は再生計画認可の決定があった場合は，その金銭債権の額のうちその事実の発生した日の属する事業年度において貸倒れとして損金の額に算入することとされています(法基通9－6－1(1))。

また，法人の有する金銭債権につき，その債務者の資産状況，支払能力等からみてその全額が回収できないことが明らかになった場合には，その明らかになった事業年度において貸倒れとして損金経理することができることとされています。この場合において，当該金銭債権について担保物があるときは，その

担保物を処分した後でなければ貸倒れとして損金経理をすることはできないこととされています（法基通9－6－2）。

2 一定期間取引停止後弁済がない場合等の貸倒れ

債務者についてその債務者に対して有する売掛債権（売掛金，未収請負金その他これらに準ずる債権をいい，貸付金その他これに準ずる債権を含みません）については，債務者との取引を停止した時（最後の弁済期又は最後の弁済の時が当該停止をした時以後である場合には，これらのうち最も遅い時）以後1年以上経過した場合（当該売掛債権について担保物のある場合を除きます）には，法人が当該売掛債権の額から備忘価額を控除した残額を貸倒れとして損金経理をしたときは，これを認めることとされています（法基通9－6－3⑴）。

そして，この取引の停止とは継続的な取引を行っていた債務者につきその資産状況，支払能力等が悪化したためその後の取引を停止するに至った場合をいうこととされています（法基通9－6－3（注））。

3 本事例の場合

貴社の場合は，長年の得意先甲社に対して有する売掛債権について，甲社の資産状況，支払能力等が悪化したため売掛金の回収ができないことから平成21年10月に取引を停止した時以後1年以上経過しています。

したがって，貴社が甲社に対して有する売掛債権から備忘価額を控除した残額について貸倒損失の計上は認められるものと考えられます。

《関係法令等》

法基通9－6－1⑴

法基通9－6－2

法基通9－6－3⑴，同（注）

Q＆A編

Q20 価格交渉が合意に至らなかったため取引を停止した時以後1年以上経過した場合に貸倒損失の計上はできるか

当社は卸売業を営む3月決算法人です。

当社は長年の得意先である甲社にA商品を納品したところ甲社から値引きの要請があり価格交渉で合意に至らなかったため平成21年10月に取引を停止した時以後1年以上経過しています。

平成23年3月期の決算において、当社は売掛金から備忘価額を控除した残額について貸倒損失を計上しましたが認められますか。

ANSWER

貴社が甲社に対して有する売掛債権から、備忘価額を控除した残額について貸倒損失を計上することは認められないものと考えられます。

解説

1 一定期間取引停止後弁済がない場合等の貸倒れ

債務者についてその債務者に対して有する売掛債権（売掛金、未収請負金その他これらに準ずる債権をいい、貸付金その他これに準ずる債権を含みません）については、債務者との取引を停止した時（最後の弁済期又は最後の弁済の時が当該停止をした時以後である場合には、これらのうち最も遅い時）以後1年以上経過した場合（当該売掛債権について担保物のある場合を除きます）には、法人が当該売掛債権の額から備忘価額を控除した残額を貸倒れとして損金経理をしたときは、これを認めることとされています（法基通9－6－3(1)）。

そして、この取引の停止とは継続的な取引を行っていた債務者につきその資産状況、支払能力等が悪化したためその後の取引を停止するに至った場合をいうこととされています（法基通9－6－3注）。

2 本事例の場合

　貴社の場合は，長年の得意先甲社に対して有する売掛債権について，価格交渉で合意に至らなかったため平成21年10月に取引を停止した時以後1年以上経過しています。

　したがって，上記1の法人税基本通達9－6－3の「債務者につきその資産状況，支払能力等が悪化したためその後の取引を停止するに至った場合」に該当しないことから，貴社が甲社に対して有する売掛債権から備忘価額を控除した残額について貸倒損失を計上することは認められないものと考えられます。

《関係法令等》

　法基通9－6－3(1)，同（注）

Q&A編

Q21 未収請負工事代金について取引を停止した時以後1年以上経過した場合に貸倒損失を計上することができるのか

当社は建設業を営む3月決算法人です。

平成20年5月1日に，当社は甲社から自社ビルの工事（工期1年間）を請け負いました。

請負代金については，平成20年5月1日の契約時，平成20年10月31日に中間時，完成時である平成21年4月30日に残代金を受け取ることになっていました。

しかしながら，当該工事は完成し甲社に引き渡したものの甲社の資金繰りの都合により完成時に受け取ることとなっていた残代金のうち一部については回収されておらず，取引を停止した時以後1年以上経過しています。

そのため，平成23年3月期の決算において，当社は未収工事請負代金から備忘価額を控除した残額について貸倒損失を計上しましたが認められますか。

ANSWER

貴社と甲社の取引は継続的な取引に該当しないことから，貴社が甲社に対して有する未収工事請負代金から備忘価額を控除した残額について計上した貸倒損失は認められないものと考えられます。

解説

1 一定期間取引停止後弁済がない場合等の貸倒れ

債務者についてその債務者に対して有する売掛債権（売掛金，未収請負金その他これらに準ずる債権をいい，貸付金その他これに準ずる債権を含まない）については，債務者との取引を停止した時（最後の弁済期又は最後の弁済の時が当該停止をした

時以後である場合には，これらのうち最も遅い時）以後１年以上経過した場合（当該売掛債権について担保物のある場合を除きます）には，法人が当該売掛債権の額から備忘価額を控除した残額を貸倒れとして損金経理をしたときは，これを認めることとされています（法基通９－６－３(1)）。

　そして，この取引の停止とは継続的な取引を行っていた債務者につきその資産状況，支払能力等が悪化したためその後の取引を停止するに至った場合をいうのであるから，例えば，不動産取引のようにたまたま取引を行った債務者に対して有する当該取引に係る売掛債権については，この取扱いの適用はないこととされています（法基通９－６－３(注)）。

２　本事例の場合

　貴社の場合は，甲社から自社ビルの工事を請け負ったものですので，甲社は貴社の継続的な取引を行っていた債務者に該当しないため，たとえ，取引の停止した時以後１年以上経過したとしても，法基通９－６－３(1)の取扱いは適用されないものと考えられます。

　したがって，貴社が甲社に対して有する未収工事請負代金から備忘価額を控除した残額について計上した貸倒損失は認められないものと考えられます。

《関係法令等》

　法基通９－６－３(1)，同（注）

Q&A編

Q22 新規取引先との取引が単発で取引を停止した時以後1年以上経過した場合に貸倒損失は計上できるのか

当社は卸売業を営む3月決算法人です。

当社は新たに甲社と継続的な取引を計画していましたが、甲社の資産状況、支払能力等が急激に悪化したため平成21年7月1日の1回だけの取引で、取引を停止した時以後1年以上経過しています。

その際の当社の甲社に対する売掛金がいまだ弁済されていません。

そのため、平成23年3月期の決算において、当社は甲社と取引を停止した時以後1年以上経過していることから売掛金から備忘価額を控除した残額について貸倒損失を計上しましたが、認められますか。

ANSWER

貴社と甲社の取引は継続的な取引を計画していたものの、実際は1回だけの取引であり継続的な取引には該当しないことから、貴社が甲社に対して有する売掛金から備忘価額を控除した金額について計上した貸倒損失は認められないものと考えられます。

解説

1 一定期間取引停止後弁済がない場合等の貸倒れ

債務者についてその債務者に対して有する売掛債権（売掛金、未収請負金その他これらに準ずる債権をいい、貸付金その他これに準ずる債権を含みません）については、債務者との取引を停止した時（最後の弁済期又は最後の弁済の時が当該停止をした時以後である場合には、これらのうち最も遅い時）以後1年以上経過した場合（当該売掛債権について担保物のある場合を除きます）には、法人が当該売掛債権の額から備忘価額を控除した残額を貸倒れとして損金経理をしたときは、これを

認めることとされています（法基通9－6－3(1)）。

そして，この取引の停止とは継続的な取引を行っていた債務者につきその資産状況，支払能力等が悪化したためその後の取引を停止するに至った場合をいうのであるから，例えば，不動産取引のようにたまたま取引を行った債務者に対して有する当該取引に係る売掛債権については，この取扱いの適用はないこととされています（法基通9－6－3(注)）。

すなわち，この取引の停止とは継続的な取引を行っていた債務者につきその資産状況，支払能力等が悪化したためその後の取引を停止するに至った場合とされていますので，継続的な取引とは実際に行っていた取引により判定されますので，単発取引で終わった場合には継続的な取引に該当せず法人税基本通達9－6－3(1)の適用はないものと考えられます。

2　本事例の場合

貴社の場合は，貴社と甲社と継続的な取引を計画していたとしても取引は実際1回だけの取引であり，法人税基本通達9－6－3の継続的な取引に該当しないことから，貴社が甲社に対して有する売掛金から備忘価額を控除した残額について計上した貸倒損失は認められないものと考えられます。

《関係法令等》

　法基通9－6－3(1)，同（注）

Q&A編

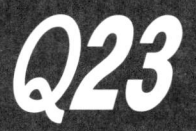

Q23 取引を停止した時以後1年以上経過した売掛金について担保物からの回収可能額がわずかの場合に貸倒れの計上はできるか

当社は卸売業を営む3月決算法人です。

当社の長年の取引先である甲社の資産状況,支払能力等が悪化したため,当社は取引を停止した時以後1年以上経過しています。

当社は甲社に対して売掛金5,000万円を有しています。

当社は,当該取引金額が多額なことから甲社の土地に抵当権を設定していました。

なお,この土地の処分見込価額は5,000万円であり,先順位の担保の設定状況は次のとおりとなっていました。

先着順位		担保債権額
1	乙　社	30,000,000円
2	丙　社	18,000,000円
3	当　社	50,000,000円

平成23年3月期において,当社としては甲社の土地に抵当権を設定しているが先順位者乙社及び丙社がいることから回収可能額は200万円と債権額5,000万円に対してわずかとなるので,当社が甲社に対して有する債権5,000万円から200万円及び備忘価額を控除した残額について貸倒損失を計上しましたが認められますか。

ANSWER

貴社が甲社に対して有する売掛金5,000万円から担保による回収可能額200万円及び備忘価額を控除した残額について貸倒損失として計上することは担保物の土地の処分がなされていないことからできないものと考えられます。

解説

1 一定期間取引停止後弁済がない場合等の貸倒れ

　債務者についてその債務者に対して有する売掛債権（売掛金，未収請負金その他これらに準ずる債権をいい，貸付金その他これに準ずる債権を含みません）については，債務者との取引を停止した時（最後の弁済期又は最後の弁済の時が当該停止をした時以後である場合には，これらのうち最も遅い時）以後1年以上経過した場合（当該売掛債権について担保物のある場合を除きます）には，法人が当該売掛債権の額から備忘価額を控除した残額を貸倒れとして損金経理をしたときは，これを認めることとされています（法基通9－6－3(1)）。

　そして，この取引の停止とは継続的な取引を行っていた債務者につきその資産状況，支払能力等が悪化したためその後の取引を停止するに至った場合をいうこととされています（法基通9－6－3(注)）。

　すなわち，当該売掛債権について担保物がある場合には，法人税基法通達9－6－3(1)の一定期間取引停止後弁済がない場合等の貸倒れの取扱いは適用できないこととなります。

2 本事例の場合

　貴社が甲社に対して有する売掛金5,000万円から担保による回収可能額200万円及び備忘価額を控除した残額を貸倒損失として計上することは担保物の土地の処分がなされていないことからできないものと考えられます。たとえ，本事例のように債権額に比べて回収可能額がきわめて少ない状況にあったとしても担保物の土地を処分していないことからできないこととなります。

　なお，貴社の場合は債務者である甲社について，債務超過状態の相当期間継続等による一部取立不能額の規定である法人税法施行令96条1項2号の適用を検討することになります。

《関係法令等》
　法令96①二

Q＆A編
法基通9－6－3⑴

Q24 更生計画認可の決定において「5年を経過する日までに弁済されることとなっている金額以外の金額」とは

当社は製造業を営む3月決算法人です。

当社は取引先である甲社に対して1,000万円の貸付金を有しています。

甲社の経営状態が悪化したため甲社は債務超過に陥り平成21年5月1日に更生手続開始の申立てをしました。

当社は平成22年3月期に法人税法施行令96条1項3号の規定により当該金銭債権に係る50％相当額500万円を貸倒引当金に繰り入れました。

平成22年12月1日に甲社に更生計画認可の決定があり、次のことが決定されました。

(1) 当社が甲社に対して有する債権1,000万円のうち60％が切り捨てられること。
(2) 当該金銭債権の残額40％（400万円）については第1回目の支払を平成23年12月1日とし以後8年間で分割して返済すること。

回数	返済年月日	返済率	返済金額
第1回	平成23年12月1日	5％	500,000円
第2回	平成24年12月1日	5％	500,000円
第3回	平成25年12月1日	5％	500,000円
第4回	平成26年12月1日	5％	500,000円
第5回	平成27年12月1日	5％	500,000円
第6回	平成28年12月1日	5％	500,000円
第7回	平成29年12月1日	5％	500,000円
第8回	平成30年12月1日	5％	500,000円

平成23年3月期に、当社は平成22年3月期に貸倒引当金に繰り入れた500万円について戻入れ処理するとともに、当社は甲社に対して有する金銭債権1,000万円のうち60％が切り捨てられることから600万円については下記

Q & A 編

の会計処理を行いました。

《平成23年3月期》

　　（借）貸 倒 損 失　6,000,000　　　（貸）貸 付 金　6,000,000

　そして，当社が甲社に対して有する個別評価金銭債権に係る貸倒引当金の繰入限度額は，甲社に更生計画認可の決定が生じた日の属する事業年度終了の日の翌日である平成23年4月1日から5年を経過する日までに弁済されることとなっている金額以外の金額150万円（第6回から第8回分の弁済予定額の合計額）について貸倒引当金の繰入れとして下記の会計処理を行いましたが平成23年3月期の損金として認められますか。

《平成23年3月期》

　　（借）貸倒引当金繰入　1,500,000　　　（貸）貸倒引当金　1,500,000

ANSWER

　貴社が甲社に対して有する個別評価金銭債権に係る貸倒引当金の繰入限度額は，甲社に更生計画認可の決定が生じた日の属する事業年度終了の日の翌日の平成23年4月1日から5年を経過する日（平成28年3月31日）までに弁済されることとなっている金額以外の金額150万円（第6回から第8回分の弁済予定額の合計額）となります。

解説

1　金銭債権の全部又は一部の切捨てをした場合の貸倒れ

　法人の有する金銭債権について更生計画認可の決定又は再生計画認可の決定があった場合において，これらの決定により切り捨てられることとなった部分の金額はその事実の発生した日の属する事業年度において貸倒れとして損金の額に算入することとされています（法基通9－6－1(1)）。

2　特定の事由による弁済の猶予等

　内国法人が当該事業年度終了の時において有するその一部につき貸倒れその他これに類する事由による損失が見込まれる金銭債権（以下「個別評価金銭債権」といいます）につき，当該個別評価金銭債権に係る債務者について生じた次に掲げる事由に基づいてその弁済を猶予され，又は賦払により弁済される場合には，当該個別評価金銭債権の額のうち当該事由が生じた日の属する事業年度終了の日の翌日から5年を経過する日までに弁済されることとなっている金額以外の金額（担保権の実行その他によりその取立て又は弁済の見込みがあると認められる部分の金額を除きます）について，個別評価金銭債権に係る貸倒引当金として繰り入れることができることとされています（法法52①，法令96①一）。

(1)　更生計画認可の決定
(2)　再生計画認可の決定
(3)　特別清算に係る協定の認可の決定
(4)　(1)から(3)までに掲げる事由に準ずるものとして財務省令で定める事由

　この(4)に規定する財務省令で定める事由は，法令の規定による整理手続によらない関係者の協議決定で次に掲げるものとされています（法規25の2）。

①　債権者集会の協議決定で合理的な基準により債務者の負債整理を定めているもの
②　行政機関，金融機関その他第三者のあっせんによる当事者間の協議により締結された契約でその内容が①に準ずるもの

3　本事例の場合

　上記2のとおり，平成23年3月期に貴社が甲社に対して有する金銭債権1,000万円のうち60％が再生計画認可の決定により切り捨てられることから600万円の貸倒損失は認められることとなります。

　また，貴社が甲社に対して有する個別評価金銭債権に係る貸倒引当金の繰入限度額は，甲社に更生計画認可の決定の日の属する事業年度終了の日の翌日の平成23年4月1日から5年を経過する日（平成28年3月31日）までに弁済される

Q&A編

こととなっている金額以外の金額150万円（第6回から第8回分の弁済予定額の合計額）となります。

《関係法令等》

　法法52①

　法令96①一

　法規25の2

　法基通9－6－1(1)

①個別評価金銭債権に係る貸倒引当金の損金算入に関する明細書

別表十一(一)

| 事業年度又は連結事業年度 | 22・4・1 〜 23・3・31 | 法人名 | ○○社 |

債務者								計
	住所又は所在地	1						
	氏名又は名称 (外国政府等の別)	2	甲社 ( )	( )	( )	( )		
個別評価の事由		3	令第96条第1項 第1号イ該当	令第96条第1項 第 号 該当	令第96条第1項 第 号 該当	令第96条第1項 第 号 該当		
同上の発生時期		4	平22・12・1	平 ・ ・	平 ・ ・	平 ・ ・		
当期繰入額		5	円 1,500,000	円	円	円		円
繰入限度額の計算	個別評価金銭債権の額	6	4,000,000					
	(6)のうち5年以内に弁済される金額 (令第96条第1項第1号に該当する場合)	7	2,500,000					
	(6)のうち取立て等の見込額 担保権の実行による取立て等の見込額	8						
	他の者の保証による取立て等の見込額	9						
	その他による取立て等の見込額	10						
	(8)+(9)+(10)	11						
	(6)のうち実質的に債権とみられない部分の金額	12						
	(6)-(7)-(11)-(12)	13	1,500,000					
	繰入限度額 令第96条第1項第1号該当 (13)	14	1,500,000					円
	令第96条第1項第2号該当 (13)	15						
	令第96条第1項第3号該当 (13)×50%	16						
	令第96条第1項第4号該当 (13)×50%	17						
繰入限度超過額 (5)-(14,(15),(16)又は(17))		18	0					
貸倒実績率の計算の基礎となる金額の明細	貸倒れによる損失の額等の合計額に加える金額 ((6)の個別評価金銭債権が売掛債権等である場合の(5)と((14),(15),(16)又は(17))のうち少ない金額)	19	1,500,000					
	前期の個別評価金銭債権の額 (前期の(6))	20	10,000,000					
	前期の損金の額に算入された同上の個別評価金銭債権に係る貸倒引当金	21	5,000,000					
	(20)の個別評価金銭債権が売掛債権等である場合の同上の金額 (前期の(19))	22	5,000,000					
	(20)に係る売掛債権等が当期において貸倒れとなった場合のその貸倒れとなった金額	23	6,000,000					
	(20)に係る売掛債権等が当期においても個別評価の対象となった場合のその対象となった金額	24	4,000,000					
	(23)又は(24)に金額の記載がある場合の(22)の金額	25	5,000,000					

Q25 特定調停において弁済期限の延長等が行われた場合に法人税法施行令96条1項1号の適用はあるのか

当社は金融業を営む3月決算法人です。

当社は融資先である甲社に対して1,000万円の貸付金を有しています。

甲社の経営状態が悪化し，債務超過の状態が相当期間継続したため甲社は平成22年5月1日に特定調停の申立てをしました。

そして，平成22年10月1日に次のような内容で調停の合意が成立し調停調書を作成しました。

(1) 当社が甲社に対して有する金銭債権のうち500万円については債権放棄すること。
(2) 当該金銭債権の残額500万円については，第1回の支払を平成23年10月1日とし以後8年間で分割して返済すること。

回数	返済年月日	返済率	返済金額
第1回	平成23年10月1日	6.25%	625,000円
第2回	平成24年10月1日	6.25%	625,000円
第3回	平成25年10月1日	6.25%	625,000円
第4回	平成26年10月1日	6.25%	625,000円
第5回	平成27年10月1日	6.25%	625,000円
第6回	平成28年10月1日	6.25%	625,000円
第7回	平成29年10月1日	6.25%	625,000円
第8回	平成30年10月1日	6.25%	625,000円

当社は当該調停に基づき甲社に対して有する金銭債権1,000万円のうち500万円については債権放棄を行いました。

そして，当社が甲社に対して有する個別評価金銭債権に係る貸倒引当金の繰入限度額は，当該特定調停が成立した日（平成22年10月1日）の属する

事業年度終了日の平成23年3月31日の翌日である平成23年4月1日から5年を経過する日までに弁済されることとなっている金額以外の金額187万5,000円（第6回から第8回分の弁済予定額の合計額）となると考え下記の会計処理を行いましたが平成23年3月期の損金として認められますか。

《平成23年3月期》

（借）貸倒引当金繰入　1,875,000　（貸）貸　倒　引　当　金　1,875,000

ANSWER

当該特定調停が債権者集会の協議決定で合理的な基準により債務者の負債整理を定めているものに準ずる内容のもので弁済期限の延長が行われた場合には，貴社が甲社に対して有する金銭債権のうちその特定調停が成立した日の属する事業年度終了の日の平成23年3月31日の翌日である平成23年4月1日から5年を経過する日（平成28年3月31日）までに弁済を受けることとなっている金額以外の金額187万5,000円（第6回から第8回分の弁済予定額の合計額）が，法人税法施行令96条1項1号の規定による個別評価金銭債権に係る貸倒引当金の繰入限度額となるものと考えられます。

解説

1　特定調停

特定債務者等の調整の促進のための特定調停に関する法律（以下「特定調停法」といいます）は，支払不能に陥るおそれのある債務者等の経済的再生に資するため，民事調停法の特例として特定調停の手続を定めることにより，このような債務者が負っている金銭債務に係る利害関係の調整を促進することを目的としています（特定調停1）。

この特定調停法において「特定調停」とは，特定債務者（金銭債務を負っている者であって，支払不能に陥るおそれのあるもの若しくは事業の継続に支障を来すこと

Q＆A編

なく弁済期にある債務を弁済することが困難であるもの又は債務超過に陥るおそれのある法人をいいます）が民事調停法2条の規定により申し立てる特定債務等の調整に係る調停であって，当該調停の申立ての際に特定調停手続により調停を行うことを求める旨の申述があったものをいいます（特定調停2①③）。

調停委員会は，特定調停のために特に必要があると認めるときは，当事者又は参加人に対し，事件に関係のある文書又は物件の提出を求めることができ（特定調停12），また，調停委員会は，特定調停を行うに当たり，職権で，事実の調査及び必要であると認める証拠調べをすることができることとされています（特定調停13）。

そして，調停委員会が特定調停に係る事件の当事者に対し調停条項案を提示する場合には，当該調停条項案は，特定債務者の経済的再生に資するとの観点から，公正かつ妥当で経済的合理性を有する内容のものでなければならないこととされ（特定調停15），調停において当事者間に合意が成立し，これを調書に記載したときは，調停が成立したものとし，その記載は，裁判上の和解と同一の効力を有することとされています（特定調停22，民調16，18③）。

2 特定の事由による弁済の猶予等

内国法人が当該事業年度終了の時において有するその一部につき貸倒れその他これに類する事由による損失が見込まれる金銭債権（以下「個別評価金銭債権」といいます）につき，当該個別評価金銭債権に係る債務者について生じた次に掲げる事由に基づいてその弁済を猶予され，又は賦払により弁済される場合には，当該個別評価金銭債権の額のうち当該事由が生じた日の属する事業年度終了の日の翌日から5年を経過する日までに弁済されることとなっている金額以外の金額（担保権の実行その他によりその取立て又は弁済の見込みがあると認められる部分の金額を除きます）について，個別評価金銭債権に係る貸倒引当金として繰り入れることができることとされています（法法52①，法令96①一）。

(1) 更生計画認可の決定

(2) 再生計画認可の決定

⑶　特別清算に係る協定の認可の決定
⑷　⑴から⑶までに掲げる事由に準ずるものとして財務省令で定める事由

　この⑷に規定する財務省令で定める事由とは，法令の規定による整理手続によらない関係者の協議決定で次に掲げるものとされています（法規25の2）。
①　債権者集会の協議決定で合理的な基準により債務者の負債整理を定めているもの
②　行政機関，金融機関その他第三者のあっせんによる当事者間の協議により締結された契約でその内容が①に準ずるもの

3　本事例の場合

　本事例の場合，当該特定調停が債権者集会の協議決定で合理的な基準により債務者の負債整理を定めているものに準ずる内容のもので弁済期限の延長が行われた場合には，貴社が甲社に対して有する金銭債権のうちその特定調停が成立した日の属する事業年度終了の日の平成23年3月31日の翌日である平成23年4月1日から5年を経過する日（平成28年3月31日）までに弁済を受けることとなっている金額以外の金額187万5,000円（第6回から第8回分の弁済予定額の合計額）については法人税法施行令96条1項1号の規定による個別評価金銭債権に係る貸倒引当金の繰入れの対象となるものと考えられます。

《関係法令等》

　法法52①

　法令96①一

　特定調停1，2①③，12，13，15，22

　民調16，18③

　国税庁質疑応答事例（出所：国税庁ホームページ）
　　1　貸倒損失に該当する債権放棄（特定調停）
　　2　特定調停において弁済期限の延長等が行われた場合

Q&A編

Q26 法人税法施行令96条1項1号の規定による「5年を経過する日までに弁済されることとなっている金額以外の金額」は毎期減少するのか

　当社は卸売業を営む3月決算法人です。

　当社は取引先である甲社に対して1,000万円の貸付金を有しています。

　甲社の経営状態が急激に悪化したため甲社は債務超過に陥り平成20年4月1日に更生手続開始の申立てをしたことから，平成21年3月期に当社は当該金銭債権の50％相当額500万円について貸倒引当金として繰り入れました。

　平成21年10月1日に甲社に更生計画認可の決定があり次のことが決定されました。

(1) 当社が甲社に対して有する金銭債権1,000万円のうち60％が切り捨てられること。

(2) 債権の残額40％（400万円）については，第1回目の支払を平成22年10月1日とし以後8年間で分割して返済すること。

回数	返済年月日	返済率	返済金額
第1回	平成22年10月1日	5％	500,000円
第2回	平成23年10月1日	5％	500,000円
第3回	平成24年10月1日	5％	500,000円
第4回	平成25年10月1日	5％	500,000円
第5回	平成26年10月1日	5％	500,000円
第6回	平成27年10月1日	5％	500,000円
第7回	平成28年10月1日	5％	500,000円
第8回	平成29年10月1日	5％	500,000円

　平成22年3月期において，前期に貸倒引当金として繰り入れた500万円について戻入れ処理をするとともに，当社が甲社に対して有する金銭債権1,000万円のうち60％を切り捨てられることから600万円については，下記

の会計処理を行いました。

《平成22年3月期》

　　（借）貸倒損失　6,000,000　　（貸）貸付金　6,000,000

　そして，当社が甲社に対して有する個別評価金銭債権に係る貸倒引当金の繰入限度額は，甲社に更生計画認可の決定が生じた日（平成21年10月1日）の属する事業年度終了の日（平成22年3月31日）の翌日である平成22年4月1日から5年を経過する日までに弁済されることとなっている金額以外の金額150万円（第6回から第8回分の弁済予定額の合計額）となると考え下記の会計処理を行いました。

《平成22年3月期》

　　（借）貸倒引当金繰入　1,500,000　　（貸）貸倒引当金　1,500,000

　そして，平成23年3月期において，平成22年3月期に貸倒引当金として繰り入れた150万円について戻入れをするとともに，当社の事業年度終了日の翌日である平成23年4月1日から5年を経過する日までに弁済されることとなる金額以外の金額100万円（第7回から第8回分の弁済予定額の合計額）について，法人税法施行令96条1項1号の規定により個別評価金銭債権に係る貸倒引当金として繰り入れることを考えていますが，この処理でよろしいですか。

《平成23年3月期》

　　（借）貸倒引当金　1,500,000　　（貸）貸倒引当金戻入　1,500,000
　　（借）貸倒引当金繰入　1,000,000　　（貸）貸倒引当金　1,000,000

Q&A編

> **ANSWER**
>
> 平成23年3月期における貴社が甲社に対して有する個別評価金銭債権に係る貸倒引当金の繰入限度額は，甲社に更生計画認可の決定が生じた日（平成21年10月1日）の属する事業年度終了の日（平成22年3月31日）の翌日である平成22年4月1日から5年を経過する日（平成27年3月31日）までに弁済されることとなっている金額以外の金額150万円（第6回から第8回までの合計額）となります。

解説

1 特定の事由による弁済の猶予等

内国法人が当該事業年度終了の時において有するその一部につき貸倒れその他これに類する事由による損失が見込まれる金銭債権（以下「個別評価金銭債権」といいます）につき，当該個別評価金銭債権に係る債務者について生じた次に掲げる事由に基づいてその弁済を猶予され，又は賦払により弁済される場合には，当該個別評価金銭債権の額のうち<u>当該事由が生じた日の属する事業年度終了の日の翌日から5年を経過する日までに弁済されることとなっている金額以外の金額</u>（担保権の実行その他によりその取立て又は弁済の見込みがあると認められる部分の金額を除きます）について，個別評価金銭債権に係る貸倒引当金として繰り入れることができることとされています（法法52①，法令96①一）。

(1) 更生計画認可の決定

(2) 再生計画認可の決定

(3) 特別清算に係る協定の認可の決定

(4) (1)から(3)までに掲げる事由に準ずるものとして財務省令で定める事由

この(4)に規定する財務省令で定める事由とは，法令の規定による整理手続によらない関係者の協議決定で次に掲げるものとされています（法規25の2）。

① 債権者集会の協議決定で合理的な基準により債務者の負債整理を定めて

いるもの
　② 行政機関，金融機関その他第三者のあっせんによる当事者間の協議により締結された契約でその内容が①に準ずるもの

　したがって，本事例の場合には5年を経過する日までに弁済されることとなっている金額以外の金額の起算日は甲社に更生計画認可の決定が生じた日の属する事業年度終了の日の翌日である平成22年4月1日となります。

2　本事例の場合

　上記1のとおり，5年を経過する日までに弁済されることとなっている金額以外の金額の起算日は更生計画認可の決定があった日（平成21年10月1日）の属する事業年度終了の日（平成22年3月31日）の翌日である平成22年4月1日となりますので，平成23年3月期における貴社が甲社に対して有する個別評価金銭債権に係る貸倒引当金の繰入限度額は，甲社に更生計画認可の決定が生じた日の属する事業年度終了の日の平成22年3月31日の翌日である平成22年4月1日から5年を経過する日（平成27年3月31日）までに弁済されることとなっている金額以外の金額150万円（第6回から第8回分）となります。

《関係法令等》
　法法52①
　法令96①一
　法規25の2

Q&A編

①個別評価金銭債権に係る貸倒引当金の損金算入に関する明細書

				事業年度又は連結事業年度	21・4・1 22・3・31	法人名	○○社	計	別表十一㈠
債務者	住所又は所在地		1						
	氏名又は名称 (外国政府等の別)		2	甲社 ( )	( )	( )	( )		
	個別評価の事由		3	令第96条第1項 第1号イ該当	令第96条第1項 第 号 該当	令第96条第1項 第 号 該当	令第96条第1項 第 号 該当		
	同上の発生時期		4	平21・10・1	平 ・ ・	平 ・ ・	平 ・ ・		
当期繰入額			5	円 1,500,000	円	円	円	円	
繰入限度額の計算	個別評価金銭債権の額		6	4,000,000					
	⑹のうち5年以内に弁済される金額 (令第96条第1項第1号に該当する場合)		7	2,500,000					
	⑹のうち取立て等の見込額	担保権の実行による取立て等の見込額	8						
		他の者の保証による取立て等の見込額	9						
		その他による取立て等の見込額	10						
		⑻+⑼+⑽	11						
	⑹のうち実質的に債権とみられない部分の金額		12						
	⑹-⑺-⑾-⑿		13	1,500,000					
	繰入限度額	令第96条第1項第1号該当 ⒀	14	1,500,000				円	
		令第96条第1項第2号該当 ⒀	15						
		令第96条第1項第3号該当 ⒀×50%	16						
		令第96条第1項第4号該当 ⒀×50%	17						
繰入限度超過額 ⑸-(⒁, ⒂, ⒃又は⒄)			18	0					
貸倒実績率の計算の基礎となる金額の明細	貸倒れによる損失の額等の合計額に加える金額 (⑹の個別評価金銭債権が売掛債権等である場合の⑸と(⒁, ⒂, ⒃又は⒄)のうち少ない金額)		19	1,500,000					
	貸倒れによる損失の額等の合計額から控除する金額	前期の個別評価金銭債権の額 (前期の⑹)	20	10,000,000					
		前期の損金の額に算入された同上の個別評価金銭債権に係る貸倒引当金	21	5,000,000					
		⒇の個別評価金銭債権が売掛債権等である場合の同上の金額 (前期の⒆)	22	5,000,000					
		⒇に係る売掛債権等が当期において貸倒れとなった場合のその貸倒れとなった金額	23	6,000,000					
		⒇に係る売掛債権等が当期においても個別評価の対象となった場合のその対象となった金額	24	4,000,000					
		㉓又は㉔に金額の記載がある場合の㉒の金額	25	5,000,000					

①個別評価金銭債権に係る貸倒引当金の損金算入に関する明細書

事業年度又は連結事業年度: 22・4・1 ～ 23・3・31
法人名: ○○社
別表十一(一)

債務者							計
住所又は所在地		1					
氏名又は名称（外国政府等の別）		2	甲社	( )	( )	( )	
個別評価の事由		3	令第96条第1項第1号イ該当	令第96条第1項第 号該当	令第96条第1項第 号該当	令第96条第1項第 号該当	
同上の発生時期		4	平21・10・1	平 ・ ・	平 ・ ・	平 ・ ・	
当期繰入額		5	1,500,000 円	円	円	円	円
繰入限度額の計算	個別評価金銭債権の額	6	3,500,000				
	(6)のうち5年以内に弁済される金額（令第96条第1項第1号に該当する場合）	7	2,000,000				
	(6)のうち取立て等の見込額 担保権の実行による取立て等の見込額	8					
	他の者の保証による取立て等の見込額	9					
	その他による取立て等の見込額	10					
	(8)+(9)+(10)	11					
	(6)のうち実質的に債権とみられない部分の金額	12					
	(6)-(7)-(11)-(12)	13	1,500,000				
	令第96条第1項第1号該当 (13)	14	1,500,000				円
	令第96条第1項第2号該当 (13)	15					
	令第96条第1項第3号該当 (13)×50%	16					
	令第96条第1項第4号該当 (13)×50%	17					
繰入限度超過額 (5)-((14),(15),(16)又は(17))		18	0				
貸倒実績率の計算の基礎となる金額の明細	貸倒れによる損失の額等の合計額に加える金額 (6)の個別評価金銭債権が売掛債権等である場合の(5)と((14),(15),(16)又は(17))のうち少ない金額	19	1,500,000				
	貸倒れによる損失の額等の合計額から控除する金額 前期の個別評価金銭債権の額（前期の(6)）	20	4,000,000				
	前期の損金の額に算入された同上の個別評価金銭債権に係る貸倒引当金	21	1,500,000				
	(20)の個別評価金銭債権が売掛債権等である場合の同上の金額（前期の(19)）	22	1,500,000				
	(22)に係る売掛債権等が当期において貸倒れとなった場合のその貸倒れとなった金額	23					
	(22)に係る売掛債権等が当期においても個別評価の対象となった場合のその対象となった金額	24	3,500,000				
	(23)又は(24)に金額の記載がある場合の(22)の金額	25	1,500,000				

Q&A編

Q27 再生手続の開始の申立てと再生計画認可の決定が同一事業年度中にあった場合にいずれの規定を適用すべきか

　当社は，建設業を営む3月決算法人です。当社は取引先である甲社に対して5,000万円の貸付金を有しています。

　甲社の経営は急激に悪化したため，甲社は債務超過に陥り平成22年6月1日に再生手続開始の申立てをしました。

　平成22年12月1日に甲社に再生計画認可の決定があり，次のことが定められています。

(1) 当社が甲社に対して有する債権5,000万円のうち70％が切り捨てられること。
(2) 当該金銭債権の残額1,500万円については，第1回目の支払を平成23年12月1日とし6年間で分割して返済すること。

回数	返済年月日	返済率	返済金額
第1回	平成23年12月1日	5％	2,500,000円
第2回	平成24年12月1日	5％	2,500,000円
第3回	平成25年12月1日	5％	2,500,000円
第4回	平成26年12月1日	5％	2,500,000円
第5回	平成27年12月1日	5％	2,500,000円
第6回	平成28年12月1日	5％	2,500,000円

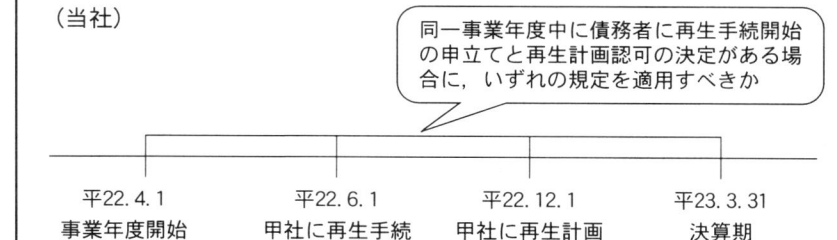

（当社）

　同一事業年度中に債務者に再生手続開始の申立てと再生計画認可の決定がある場合に，いずれの規定を適用すべきか

平22.4.1　事業年度開始
平22.6.1　甲社に再生手続開始の申立て
平22.12.1　甲社に再生計画認可の決定
平23.3.31　決算期

当社が甲社に対して有する債権5,000万円のうち70％が切り捨てられることから平成23年3月期に下記の会計処理を行いました。

《平成23年3月期》

　　（借）貸 倒 損 失　35,000,000　　（貸）貸 付 金　35,000,000

平成23年3月期における当社が甲社に対して有する個別評価金銭債権に係る貸倒引当金の繰入限度額は，期末に有する金銭債権1,500万円（5,000万円－3,500万円）について，甲社は再生手続開始の申立てを行っていることから，法人税法施行令96条1項3号の規定により750万円を繰り入れましたが問題はありませんか。

なお，当社は平成23年3月期に係る法人税の確定申告書は申告期限前のため提出しておりません。

《平成23年3月期》
《会計処理》

　　（借）貸倒引当金繰入　7,500,000　　（貸）貸倒引当金　7,500,000

ANSWER

貴社が甲社に対して有する個別評価金銭債権に係る貸倒引当金の繰入限度額について，貴社は法人税法施行令96条1項3号の規定により750万円について繰り入れていますが，甲社に再生計画認可の決定が平成22年12月1日に行われたことから，法人税法施行令96条1項1号の規定により貴社の事業年度終了の日（平成23年3月31日）の翌日である平成23年4月1日から5年を経過する日（平成28年3月31日）までに弁済されることとなっている金額以外の金額250万円（第6回分）が繰入限度額になりますので申告調整で貸倒引当金繰入限度超過額として500万円（750万円－250万円）を加算する必要があります。

Q&A編

解説

1　特定事由による弁済の猶予等

　内国法人が当該事業年度終了の時において有する個別評価金銭債権につき，当該個別評価金銭債権に係る債務者について生じた次に掲げる事由に基づいてその弁済を猶予され，又は賦払により弁済される場合には，当該個別評価金銭債権の額のうち当該事由が生じた日の属する事業年度終了の日の翌日から5年を経過する日までに弁済されることとなっている金額以外の金額（担保権の実行その他によりその取立て又は弁済の見込みがあると認められる部分の金額を除きます）について，個別評価金銭債権に係る貸倒引当金として繰り入れることができることとされています（法法52①，法令96①一）。

(1)　更生計画認可の決定

(2)　再生計画認可の決定

(3)　特別清算に係る協定の認可

(4)　(1)から(3)までに掲げる事由に準ずるものとして財務省令で定める事由

　この上記(4)の財務省令で定める事由とは，法令の規定による整理手続によらない関係者の協議決定で次に掲げるものとされています（法規25の2）。

①　債権者集会の協議決定で合理的な基準により債務者の負債整理を定めているもの

②　行政機関，金融機関その他第三者のあっせんによる当事者間の協議により締結された契約でその内容が①に準ずるもの

2　形式基準による50％相当額の貸倒引当金の繰入れ

　内国法人が当該事業年度終了の時において有する個別評価金銭債権につき，当該個別評価金銭債権に係る債務者について生じた次に掲げる事由が生じている場合（<u>法令96①一に掲げる場合及び法令96①二に定める金額を法法52①に規定する個別貸倒引当金繰入限度額として同項の規定の適用を受けたものを除きます</u>）には，当該個別評価金銭債権の額（当該個別評価金銭債権の額のうち，当該債務者から受け入れ

た金額があるため実質的に債権と認められない部分の金額及び担保権の実行，金融機関又は保証機関による保証債務の履行その他により取立て等の見込みがあると認められる部分の金額を除きます）の100分の50に相当する金額について，個別評価金銭債権に係る貸倒引当金として繰り入れることができることとされています（法法52①，法令96①三）。

(1) 更生手続開始の申立て
(2) 再生手続開始の申立て
(3) 特別清算の開始の申立て
(4) (1)から(3)までに掲げる事由に準ずるものとして財務省令で定める事由

したがって，法人税法施行令96条1項3号の規定は，法人税法施行令96条1項1号に掲げる場合を除くこととなっていることから，法人税法施行令96条1項1号が優先して適用されることとなります。

3　本事例の場合

上記2のとおり，法人税法施行令96条1項3号の規定は，法人税法施行令96条1項1号に掲げる場合を除くこととなっていることから，法人税法施行令96条1項1号が優先して適用されることとなります。

したがって，貴社が甲社に対して有する個別評価金銭債権に係る貸倒引当金の繰入限度額について，貴社は法人税法施行令96条1項3号ロの規定により750万円について貸倒引当金として繰り入れていますが，甲社に再生計画認可の決定が平成22年12月1日に行われたことから，法人税法施行令96条1項1号ロの規定により貴社の事業年度終了の日（平成23年3月31日）の翌日である平成23年4月1日から5年を経過する日（平成28年3月31日）までに弁済されることとなっている金額以外の金額250万円（第6回分）が繰入限度額になります。

《関係法令等》
　法法52①
　法令96①一
　法令96①三

Q & A 編

法規25の2

4　申告調整

　貴社が甲社に対して有する個別評価金銭債権に係る貸倒引当金の繰入限度額は，甲社に再生計画認可の決定が平成22年12月1日に行われたことから，法人税法施行令96条1項1号ロの規定により貴社の事業年度終了の日（平成23年3月31日）の翌日である平成23年4月1日から5年を経過する日（平成28年3月31日）までに弁済されることとなっている金額以外の金額は，250万円（第6回分）となりますので申告調整で貸倒引当金繰入限度額として500万円（750万円－250万円）を加算することになります。

《平成23年3月期》

【会社経理】

　　（借）貸倒引当金繰入　7,500,000　　（貸）貸倒引当金　7,500,000

【税務仕訳】

　　（借）貸倒引当金繰入　2,500,000　　（貸）貸倒引当金　2,500,000

【税務修正仕訳】

　　（借）貸倒引当金　5,000,000　　（貸）貸倒引当金繰入　5,000,000

別表四

| 事業年度 | 22・4・1 ～ 23・3・31 | 法人名 | ○○社 |

区　　分		総　額	処　　　　分	
			留　保	社外流出
		①	②	③
当期利益又は当期欠損の額	1	円	円	配当　　円
				その他
加算	損金の額に算入した法人税（附帯税を除く。）	2			
	損金の額に算入した道府県民税（利子割額を除く。）及び市町村民税	3			
	損金の額に算入した道府県民税利子割額	4			
	損金の額に算入した納税充当金	5			
	損金の額に算入した附帯税（利子税を除く。），加算金，延滞金（延納分を除く。）及び過怠税	6			その他
	減価償却の償却超過額	7			
	役員給与の損金不算入額	8			その他
	交際費等の損金不算入額	9			その他
	貸倒引当金繰入超過額	10	5,000,000	5,000,000	
	小　　計	11			

別表五(一)

| 事業年度 | 22・4・1 ～ 23・3・31 | 法人名 | ○○社 |

Ⅰ　利益積立金額の計算に関する明細書					
区　　分		期首現在利益積立金額	当期の増減		差引翌期首現在利益積立金額 ①－②＋③
			減	増	
		①	②	③	④
利　益　準　備　金	1	円	円	円	円
積　立　金	2				
貸　倒　引　当　金	3			5,000,000	5,000,000
	4				
	5				

Q＆A編

①個別評価金銭債権に係る貸倒引当金の損金算入に関する明細書

別表十一（一）

債務者	住所又は所在地	1					計
	氏名又は名称 （外国政府等の別）	2	甲社 （　）	（　）	（　）	（　）	
個別評価の事由		3	令第96条第1項 第1号ロ該当	令第96条第1項 第　号該当	令第96条第1項 第　号該当	令第96条第1項 第　号該当	
同上の発生時期		4	平22・12・1	平　・　・	平　・　・	平　・　・	
当期繰入額		5	円 7,500,000	円	円	円	円
繰入限度額の計算	個別評価金銭債権の額	6	15,000,000				
	(6)のうち5年以内に弁済される金額 （令第96条第1項第1号に該当する場合）	7	12,500,000				
	(6)のうち取立て等の見込額 担保権の実行による取立て等の見込額	8					
	他の者の保証による取立て等の見込額	9					
	その他による取立て等の見込額	10					
	(8)+(9)+(10)	11					
	(6)のうち実質的に債権とみられない部分の金額	12					
	(6)-(7)-(11)-(12)	13	2,500,000				
	繰入限度額 令第96条第1項第1号該当 (13)	14	2,500,000				円
	令第96条第1項第2号該当 (13)	15					
	令第96条第1項第3号該当 (13)×50%	16					
	令第96条第1項第4号該当 (13)×50%	17					
繰入限度超過額 (5)-((14),(15),(16)又は(17))		18	5,000,000				
貸倒実績率の計算の基礎となる金額の明細	貸倒れによる損失の額等の合計額に加える金額 ((6)の個別評価金銭債権が売掛債権等である場合の(5)と((14),(15),(16)又は(17))のうち少ない金額)	19	2,500,000				
	貸倒れによる損失の額等の合計額から控除する金額 前期の個別評価金銭債権の額 （前期の(6)）	20					
	前期の損金の額に算入された同上の個別評価金銭債権に係る貸倒引当金	21					
	(20)の個別評価金銭債権が売掛債権等である場合の同上の金額 （前期の(19)）	22					
	(22)に係る売掛債権等が当期において貸倒れとなった場合のその貸倒れとなった金額	23					
	(22)に係る売掛債権等が当期においても個別評価の対象となった場合のその対象となった金額	24					
	(23)又は(24)に金額の記載がある場合の(22)の金額	25					

Q28 再生計画認可の決定後に発生した売掛金は一括評価金銭債権に係る貸倒引当金の繰入れの対象金銭債権となるか

当社は建設業を営む3月決算法人です。

当社は取引先である甲社に対して2,000万円の売掛金を有しています。

当社の取引先甲社は経営状態が悪化したため債務超過に陥り平成22年5月1日に再生手続開始の申立てをしました。

そして，平成22年10月1日に甲社に再生計画認可の決定があり，次のことが定められています。

(1) 当社が甲社に対して有する売掛金2,000万円のうち70％が切り捨てられること。

(2) 債権の残額600万円については，第1回目の支払を平成23年10月1日とし8年間（毎年10月1日に支払われる）にわたり75万円ずつ返済を受ける。

当社が甲社に対して有する債権2,000万円のうち70％が切り捨てられることから，当該金額について平成23年3月期に貸倒損失として処理しました。

当社としては，甲社に再生計画認可の決定があったことから甲社の再建に協力すべく今後も引き続き取引をすることとしました。

そして，甲社からの今後の支払条件については，25日締めの翌月10日支払（振込み）とすることで合意しました。

（当社）

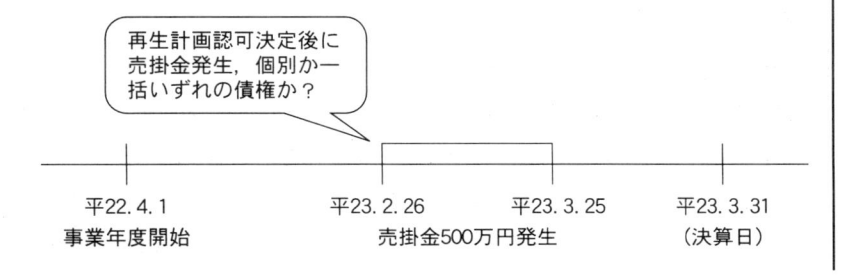

> 再生計画認可決定後に売掛金発生，個別か一括いずれの債権か？

平22.4.1	平23.2.26	平23.3.25	平23.3.31
事業年度開始	売掛金500万円発生		（決算日）

（甲社）

```
        |                    |
     平22.5.1            平22.10.1
     再生手続開始         再生計画認可
     の申立て             の決定
```

　平成23年3月期末において，当社の甲社に対して有する売掛金500万円（平成23年2月26日から平成23年3月25日までの分）が発生した場合において，当該売掛金については，再生計画認可の決定後の金銭債権であることから，一括評価金銭債権に係る金銭債権に該当し貸倒引当金を繰り入れましたが認められますか。

$$5,000,000円 \times \frac{6}{1,000}（法定繰入率）＝30,000円$$

《平成23年3月期》

　（借）貸倒引当金繰入　30,000　　（貸）貸倒引当金　30,000

　なお，当社は平成23年3月期に係る法人税の確定申告書は申告期限前のため提出しておりません。

ANSWER

　当該売掛金は再生計画認可の決定後の金銭債権でありますが，すでに甲社に係る売掛金については，再生計画認可の決定があり個別評価金銭債権の対象となっていますので当該売掛金も個別評価金銭債権の対象となります。

　当該売掛金に係る貴社と甲社との支払条件が25日締めの翌月10日支払（振込み）となっていることから，当該売掛金は平成23年2月26日から平成23年3月25日までの分が翌月の平成23年4月10日に返済されることとなっていますので個別評価金銭債権の繰入事由である再生計画認可の決定の生じた日の属する事業年度終了の日（平成23年3月31日）の翌日の平成23年4

月1日から5年を経過する日(平成28年3月31日)までに弁済されることとなっている金額以外の金額には該当しませんので，貴社は当該売掛金500万円については個別評価金銭債権として貸倒引当金を繰り入れることはできないこととなります。

解説

1 特定事由による弁済の猶予等

　内国法人が当該事業年度終了の時において有する個別評価金銭債権につき，当該個別評価金銭債権に係る債務者について生じた次に掲げる事由に基づいてその弁済を猶予され，又は賦払により弁済される場合には，当該事由が生じた日の属する事業年度終了の日の翌日から5年を経過する日までに弁済されることとなっている金額以外の金額(担保権の実行その他によりその取立て又は弁済(以下「取立て等」といいます)の見込みがあると認められる部分の金額を除きます)について，個別評価金銭債権に係る貸倒引当金として繰り入れることができることとされています(法令96①一)。

(1)　更生計画認可の決定

(2)　再生計画認可の決定

(3)　特別清算に係る協定の認可

(4)　(1)から(3)までに掲げる事由に準ずるものとして財務省令で定める事由

　この上記(4)の財務省令で定める事由とは，法令の規定による整理手続によらない関係者の協議決定で次に掲げるものとされています(法規25の2)。

①　債権者集会の協議決定で合理的な基準により債務者の負債整理を定めているもの

②　行政機関，金融機関その他第三者のあっせんによる当事者間の協議により締結された契約でその内容が①に準ずるもの

　この個別評価金銭債権とは内国法人が更生計画認可の決定に基づいてその有する金銭債権の弁済を猶予され，又は賦払により弁済された場合その他政令で

Q&A編

定める場合において、その一部につき貸倒れその他これに類する事由による損失が見込まれる金銭債権で、当該金銭債権に係る債務者に対する他の金銭債権がある場合には、当該他の金銭債権を含むこととされています（法法52①）。

2　本事例の場合

　平成22年10月1日に甲社に再生計画認可の決定があったことから、法人税法施行令96条1項1号ロに該当し、貴社の事業年度終了の時（平成23年3月31日）において有する個別金銭債権について貴社は貸倒引当金として繰り入れることができることになりますので、再生計画認可の決定後に発生した貴社のA社に対する売掛金500万円についても個別評価金銭債権となります。

　しかしながら、当該売掛金に係る貴社と甲社との支払条件が25日締めの翌月10日支払（振込み）となっていることから、当該売掛金は平成23年2月26日から平成23年3月25日までの分が翌月の平成23年4月10日に回収されることとなっていますので個別評価金銭債権の繰入事由である再生計画認可の決定の生じた日の属する事業年度終了の日の翌日である平成23年4月1日から5年を経過する日（平成28年3月31日）までに弁済されることとなっている金額以外の金額には該当しませんので、貴社は当該売掛金500万円について個別評価金銭債権として貸倒引当金を繰り入れることはできないこととなります。

《関係法令等》

　法法52①
　法令96①一
　法規25の2

3　申告調整

　当該売掛金は甲社の再生計画認可の決定後の金銭債権でありますが、すでに甲社に係る金銭債権については、再生計画認可の決定があり個別評価金銭債権の対象となっていますので当該売掛金も個別評価金銭債権の対象となりますので下記の申告調整を行うこととなります。

《平成23年3月期》

【会社経理】

　（借）貸倒引当金繰入　30,000　　（貸）貸倒引当金　30,000

【税務仕訳】

　なし

【税務修正仕訳】

　（借）貸倒引当金　30,000　　（貸）貸倒引当金繰入　30,000

Q&A編

別表四

| 事業年度 | 22・4・1 ～ 23・3・31 | 法人名 | ○○社 |

区　　分		総　額	処　分	
			留　保	社外流出
		① 円	② 円	③ 円
当期利益又は当期欠損の額	1			配当　　円
				その他
加算	損金の額に算入した法人税（附帯税を除く。）	2			
	損金の額に算入した道府県民税（利子割額を除く。）及び市町村民税	3			
	損金の額に算入した道府県民税利子割額	4			
	損金の額に算入した納税充当金	5			
	損金の額に算入した附帯税（利子税を除く。），加算金，延滞金（延納分を除く。）及び過怠税	6			その他
	減価償却の償却超過額	7			
	役員給与の損金不算入額	8			その他
	交際費等の損金不算入額	9			その他
	貸倒引当金繰入超過額	10	**30,000**	**30,000**	
	小　　計	11			

別表五(一)

| 事業年度 | 22・4・1 ～ 23・3・31 | 法人名 | ○○社 |

Ⅰ　利益積立金額の計算に関する明細書

区　分		期首現在利益積立金額	当期の増減		差引翌期首現在利益積立金額 ①－②＋③
			減	増	
		①	②	③	④
利　益　準　備　金	1	円	円	円	円
積　立　金	2				
貸　倒　引　当　金	3			**30,000**	**30,000**
	4				
	5				

Q29 担保物の処分に日時を要する場合に法人税法施行令96条1項2号の規定による個別評価金銭債権に係る貸倒引当金繰入れは可能か

当社は金融業を営む3月決算法人です。

当社は取引先である不動産業者甲社（決算期3月）に対して6,000万円の融資をしています。

甲社の経営状態が悪化したことから、当該金銭債権の返済期限が到来しているにもかかわらず、当社に当該金銭債権の返済がありません。当社は甲社から直近の決算書（平成21年11月期）及び試算表を取り寄せて資産内容を確認したところ甲社は債務超過（時価ベース）の状態に陥っており、また、当社が貸付金の担保を設定（抵当権）している乙土地（処分見込価額1億円）について担保の設定状況を確認したところ次のとおりとなっていました。

	先着順位	担保債権額
1	A 社	50,000,000円
2	B 社	18,000,000円
3	C 社	15,000,000円
4	D 社	15,000,000円
5	当 社	60,000,000円

平成23年3月期において、当社としては甲社の資産状況、支払能力等からみて、土地に抵当権を設定している他に債権回収の方法がなく、また、この乙土地の処分には抵当権先順位者がおり、当該担保物からの回収可能額も200万円と債権額6,000万円に対してわずかとなるので、当社は甲社に対して有する債権6,000万円から当該担保物からの回収可能額200万円を控除した残額について、法人税法施行令96条1項2号の規定による貸倒引当金繰入として下記の会計処理を行いましたが認められますか。

《平成23年3月期》

　　（借）貸倒引当金繰入　58,000,000　　（貸）貸倒引当金　58,000,000

Q&A編

ANSWER

　貴社の甲社に対する貸付金ついては、甲社の資産状況、支払能力等からみて、抵当権を設定している土地の処分の他に債権回収の方法がなく、担保物の処分に日時を要するときには、法人税法施行令96条１項２号の個別評価金銭債権に係る貸倒引当金の繰入れを行うことができるものと考えられます。

解説

1　回収不能の金銭債権の貸倒れ

　法人の有する金銭債権につき、その債務者の資産状況、支払能力等からみてその全額が回収できないことが明らかになった場合には、その明らかになった事業年度において、貸倒れとして損金経理をすることができることとされています（法基通９－６－２）。

　この場合において、当該金銭債権について担保物があるときは、その担保物を処分した後でなければ貸倒れとして損金経理をすることはできないものとされています（法基通９－６－２）。

　この取扱いが適用されるのは、その債務者の資産状況、支払能力等からみてその全額が回収できないことが明らかになった場合に、その明らかになった事業年度において、貸倒れとして損金経理をすることが必要となります。

　貴社の場合には、貴社の甲社に対する貸付金6,000万円については、甲社の土地に抵当権を設定しており、たとえ、先順位者がおり、当該担保物からの回収可能額200万円（土地の処分見込価額１億円－先順者の担保債権額9,800万円）と回収可能額が債権額に対して僅少となっているとしても、担保物の土地を処分するまでは貸倒損失を計上することはできないものと考えられます。

2 債務超過状態の相当期間継続等による一部取立不能額

　当該内国法人が当該事業年度終了の時において有する個別評価金銭債権に係る債務者につき，債務超過の状態が相当期間継続し，かつ，その営む事業に好転の見通しがないこと，災害，経済事業の急変等により多大な損害が生じたことその他の事由が生じていることにより，当該個別評価金銭債権の一部の金額につきその取立て等の見込みがないと認められる場合（法令96①一に掲げる場合を除きます）には，当該一部の金額に相当する金額について当該個別評価金銭債権に係る貸倒引当金の繰入れを行うことができることとされています（法令96①二）。

　そして，法人税法施行令96条1項2号《貸倒引当金勘定への繰入限度額》に規定する「その他の事由が生じていることにより，当該個別評価金銭債権の一部の金額につきその取立て等の見込みがないと認められる場合」には，法人の有するその金銭債権の額のうち担保物の処分によって得られると見込まれる金額以外の金額につき回収できないことが明らかになった場合において，その担保物の処分に日時を要するときを含むものとされています（法基通11-2-8）。

　したがって，貴社としては甲社の土地に抵当権を設定しているが先順位者がおり，担保物の処分に日時を要するときには，貴社が甲社に対して有する個別評価金銭債権6,000万円から当該担保物からの回収可能額200万円を控除した残額について法人税法施行令96条1項2号の規定により貸倒引当金を繰り入れることができるものと考えられます。

《関係法令》
　法令96①二
　法基通9-6-2
　法基通11-2-8

Q & A 編

Q30 法人税法施行令96条1項2号の規定による債務超過状態の相当期間継続等による一部回収不能額を理由とする個別評価金銭債権に係る貸倒引当金の繰入れの算定において，親会社の人的保証があるが，当該親会社が更生手続開始の申立てを行っている場合に当該人的保証を考慮する必要があるか

当社は製造業を営む3月決算法人です。

当社は取引先甲社に対し貸付金4,000万円を有していますが，甲社の経営状態が悪化し債務超過の状態が相当期間継続し，その営む事業に好転の見通しがないことにより，当社の貸付金の回収が困難な状況になります。

そのため，平成23年3月期において，当社は法人税法施行令96条1項2号の規定により甲社に対する貸付金4,000万円の全額について回収不能であると判断して貸倒引当金として繰り入れました。

（借）貸倒引当金繰入　40,000,000　　（貸）貸倒引当金　40,000,000

ところで，当社が甲社に対する貸付金4,000万円について，当社は甲社の親会社乙社(平成22年10月2日に更生手続開始の申立てを行っています)の人的保証をとっていますが，当該人的保証を考慮して申告調整する必要がありますか。

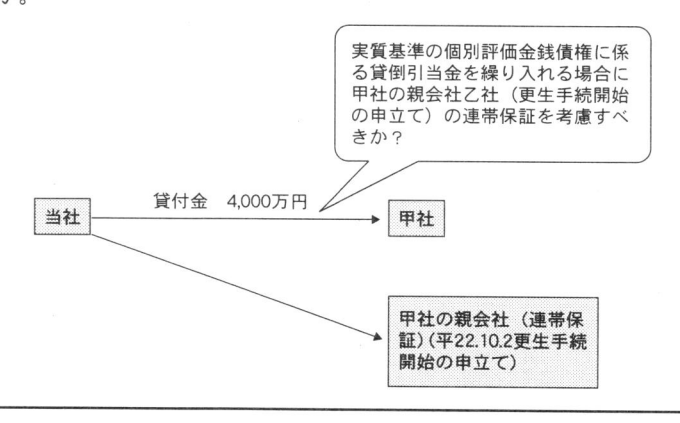

> 実質基準の個別評価金銭債権に係る貸倒引当金を繰り入れる場合に甲社の親会社乙社（更生手続開始の申立て）の連帯保証を考慮すべきか？

当社 ──貸付金　4,000万円──▶ 甲社

　　　　　　　　　　　　　　　甲社の親会社（連帯保証）(平22.10.2更生手続開始の申立て)

> **ANSWER**
>
> 貴社が甲社に対して有する貸付金4,000万円について、甲社の親会社が人的保証をしているとしても、当該人的保証については、甲社の親会社乙社は更生手続開始の申立てを行っていますので貴社が甲社に対して有する個別評価金銭債権について法人税法施行令96条1項2号の貸倒引当金を繰入れの算定の際には考慮する必要はないものと考えられます。

解説

1 債務超過状態の相当期間継続等による一部回収不能額

当該内国法人が当該事業年度終了の時において有する個別評価金銭債権に係る債務者につき、債務超過の状態が相当期間継続し、かつ、その営む事業に好転の見通しがないこと、災害、経済事情の急変等により多大な損害が生じたことその他の事由が生じていることにより、当該個別評価金銭債権の一部の金額につきその取立て等の見込みがないと認められる場合（法令96①一に掲げる場合を除きます）には、当該一部の金額に相当する金額について、個別評価金銭債権に係る貸倒引当金として繰入れができることとされています（法法52①、法令96①二）。

2 人的保証に係る回収可能額の算定

法人税法施行令96条1項2号《貸倒引当金勘定への繰入限度額》に規定する「当該個別評価金銭債権の一部の金額につきその取立て等の見込みがないと認められる場合」における「当該一部の金額に相当する金額」とは、その金銭債権の額から担保物の処分による回収可能額及び人的保証に係る回収可能額などを控除して算定することとなりますが、次に掲げる場合には、人的保証に係る回収可能額の算定上、回収可能額を考慮しないことができることとされています（法基通11-2-7）。

Q&A編
(1) 保証債務の存否に争いのある場合で，そのことにつき相当の理由のあるとき
(2) 保証人が行方不明で，かつ，当該保証人の有する資産について評価額以上の質権，抵当権（以下「質権等」といいます）が設定されていること等により当該資産からの回収が見込まれない場合
(3) <u>保証人について法人税法施行令96条1項3号《貸倒引当金勘定への繰入限度額》に掲げる事由が生じている場合</u>
(4) 保証人が生活保護を受けている場合（それと同程度の収入しかない場合を含みます）で，かつ，当該保証人の有する資産について評価額以上の質権等が設定されていること等により当該資産からの回収が見込まれないこと
(5) 保証人が個人であって，次のいずれにも該当する場合
　イ　当該保証人が有する資産について評価額以上の質権等が設定されていること等により，当該資産からの回収が見込まれないこと
　ロ　当該保証人の年収額（その事業年度終了の日の直近1年間における収入金額をいいます）が当該保証人に係る保証債務の額の合計額（当該保証人の保証に係る金銭債権につき担保物がある場合には当該金銭債権の額から当該担保物の価額を控除した金額をいいます）の5％未満であること

なお，法人税法施行令96条1項3号《貸倒引当金勘定への繰入限度額》に掲げる事由とは，次に掲げるものをいいます。
① 更生手続開始の申立て
② 再生手続開始の申立て
③ 破産手続開始の申立て
④ 特別清算の開始の申立て
⑤ ①から④までに掲げる事由に準ずるものとして財務省令で定める事由

なお，この⑤の①から④までに掲げる事由に準ずるものとして財務省令で定める事由とは，手形交換所（手形交換所のない地域にあっては，当該地域において手形交換業務を行う銀行団を含みます）による取引停止処分をいいます（法規25の3）。

3 本事例の場合

　甲社の親会社乙社は，更生手続開始の申立てを行っていますので上記2の法人税基本通達11－2－7の(3)の法人税法施行令96条1項3号《貸倒引当金勘定への繰入限度額》に掲げる事由が生じている場合に該当します。

　したがって，貴社が甲社に対して有する金銭債権4,000万円について，甲社の親会社が人的保証をしているとしても，当該人的保証については，甲社の親会社乙社が更生手続開始の申立てを行っていますので貴社が甲社に対して有する個別評価金銭債権について法人税法施行令96条1項2号の貸倒引当金を繰入れの算定の際には考慮する必要はないものと考えられます。

《関係法令等》
　法法52①
　法令96①二
　法令96①三
　法規25の3
　法基通11－2－7

Q & A 編

Q31 法人税法施行令96条1項3号の規定による個別評価金銭債権に係る貸倒引当金の繰入限度額の算定において，保証人である代表者からの回収可能額を考慮すべきか

　当社は卸売業を営む3月決算法人です。

　当社の取引先甲社は，平成23年3月20日に破産手続開始の申立てを行いました。当社は甲社に対して貸付金4,000万円を有していることから，平成23年3月期において，当社は法人税法施行令96条1項3号の規定により甲社に対する貸付金4,000万円の50％相当額2,000万円を貸倒引当金として繰り入れることを考えています。

《平成23年3月期》

　　（借）貸倒引当金繰入　20,000,000　　（貸）貸倒引当金　20,000,000

　ところで，当社が甲社に対する貸付金4,000万円について，当社は甲社の代表者を保証人としていることから，甲社の代表者からの回収可能額を考慮する必要がありますか。

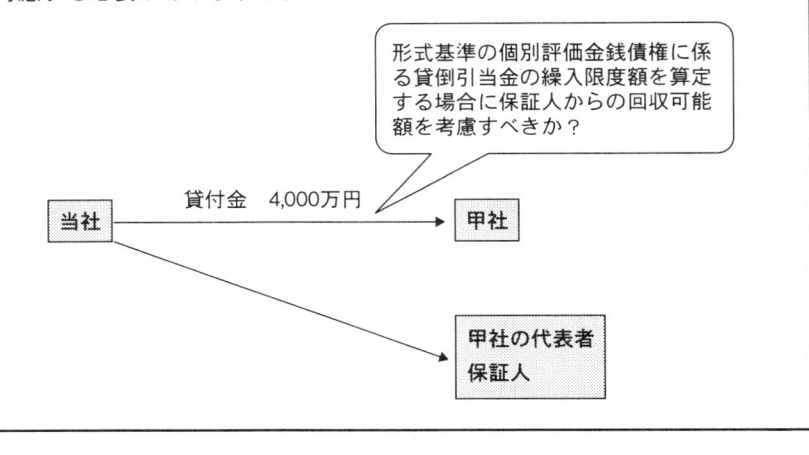

> 形式基準の個別評価金銭債権に係る貸倒引当金の繰入限度額を算定する場合に保証人からの回収可能額を考慮すべきか？

```
               貸付金　4,000万円
[当社] ─────────────────→ [甲社]
   │
   │
   └────────────────→ [甲社の代表者
                        保証人]
```

ANSWER

貴社が甲社に対して有する個別評価金銭債権4,000万円について、甲社の代表者が保証人になっているとしても、法人税法施行令96条1項3号の貸倒引当金を繰入限度額の算定の際、保証人である代表者からの回収可能額を考慮する必要はないものと考えられます。

解説

1 形式基準による50％相当額の貸倒引当金の繰入れ

当該内国法人が当該事業年度終了の時において有する個別評価金銭債権に係る債務者につき次に掲げる事由が生じている場合（法令96①一に掲げる場合及び法令96①二に定める金額を法法52①に規定する個別貸倒引当金繰入限度額として同項の規定の適用を受けた場合を除きます）には、当該個別評価金銭債権の額（当該個別評価金銭債権の額のうち、当該債務者から受け入れた金額があるため実質的に債権とみられない部分の金額及び担保権の実行、金融機関又は保証機関による保証債務の履行その他により取立て等の見込みがあると認められる部分の金額を除きます）の100分の50に相当する金額について、個別評価金銭債権に係る貸倒引当金として繰入れができることとされています（法法52①，法令96①三）。

(1) 更生手続開始の申立て
(2) 再生手続開始の申立て
(3) 破産手続開始の申立て
(4) 特別清算開始の申立て
(5) (1)から(4)までに掲げる事由に準ずるものとして財務省令で定める事由

この上記(5)の財務省令で定める事由とは、手形交換所による取引停止処分をいいます（法規25の3）。

したがって、形式基準による貸倒引当金の繰入れを行う場合に考慮する保証債務は、金融機関又は保証機関による保証債務の履行により取立て等の見込み

Q＆A編

があると認められる部分に限られます。

なお，法令96条1項1号及び3号《貸倒引当金勘定への繰入限度額》に規定する担保権の実行により取立て等の見込みがあると認められる部分の金額とは，質権，抵当権，所有権留保，信用保険等によって担保されている部分の金額をいうこととされています（法基通11－2－5）。

2　本事例の場合

上記の1とおり，貴社が甲社に対して有する個別評価金銭債権4,000万円について，甲社の代表者が保証人になっているとしても，法人税法施行令96条1項3号の貸倒引当金を繰入限度額の算定の際に保証人である代表者からの回収可能額を考慮する必要はないものと考えられます。

《関係法令等》
　法法52①
　法令96①三
　法規25の3
　法基通11－2－5

Q32 債務者に対して複数の金銭債権を有する場合に金銭債権ごとに一括評価金銭債権と個別評価金銭債権を選択できるか

当社は製造業を営む3月決算法人です。

当社は取引先甲社に対して貸付金5,000万円と受取手形2,000万円を有していますが，甲社は経営状態が急激に悪化したため債務超過に陥り平成23年3月26日に手形交換所による取引停止処分を受けました。

平成23年3月期において，当社は貸付金について土地に抵当権が設定されており回収可能なことから当該貸付金については一括評価金銭債権に係る貸倒引当金の対象とし，受取手形については法人税法施行令96条1項3号ホの規定による個別評価金銭債権に係る貸倒引当金の対象とすることはできますか。

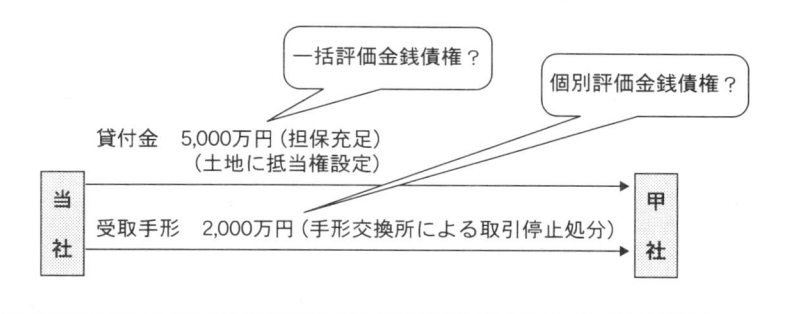

```
                    一括評価金銭債権？        個別評価金銭債権？

        貸付金  5,000万円（担保充足）
               （土地に抵当権設定）
  当社 ──────────────────────────────→ 甲社
        受取手形 2,000万円（手形交換所による取引停止処分）
```

ANSWER

甲社に対して有する金銭債権である貸付金5,000万円と受取手形2,000万円の合計額7,000万円が個別評価金銭債権に係る貸倒引当金の対象となります。

Q&A編

解説

1 個別評価金銭債権とは

　内国法人が，更生計画認可の決定に基づいてその有する金銭債権の弁済を猶予され，又は賦払により弁済される場合その他の政令で定める場合において，その一部につき貸倒れその他これに類する事由による損失が見込まれる金銭債権（当該金銭債権に係る債務者に対する他の金銭債権がある場合には当該他の金銭債権を含みます。以下「個別評価金銭債権」といいます）のその損失の見込額として，各事業年度において損金経理により貸倒引当金勘定に繰り入れた金額については，当該繰り入れた金額のうち，当該事業年度終了の時において当該個別評価金銭債権の取立て又は弁済の見込みがないと認められる部分の金額を基礎として政令で定めるところにより計算した金額に達するまでの金額は，当該事業年度の所得の金額の計算上，損金の額に算入することとされています（法法52①）。

　したがって，個別評価金銭債権とは当該金銭債権に係る債務者に対する他の金銭債権がある場合には当該他の金銭債権を含むこととなります。

2 一括評価金銭債権とは

　内国法人が，その有する売掛金，貸付金その他これらに準ずる金銭債権（個別評価金銭債権を除きます。以下「一括評価金銭債権」といいます）の貸倒れによる損失の見込額として，各事業年度において損金経理により貸倒引当金勘定に繰り入れた金額については，当該繰り入れた金額のうち，当該事業年度終了の時において有する一括評価金銭債権の額及び最近における売掛金，貸付金その他これらに準ずる金銭債権の貸倒れによる損失の額を基礎として政令で定めるところにより計算した金額に達するまでの金額は，当該事業年度の所得の金額の計算上，損金の額に算入することとされています（法法52②）。

　したがって，一括評価金銭債権は，売掛金，貸付金その他これらに準ずる金銭債権で個別評価金銭債権を除くこととなります。

3　本事例の場合

したがって，貴社の甲社に対して有するすべての金銭債権である貸付金5,000万円と受取手形2,000万円の合計額7,000万円が，貴社の甲社に対する個別評価金銭債権に係る貸倒引当金の対象となります。

また，上記2のとおり，一括評価金銭債権は，売掛金，貸付金その他これらに準ずる金銭債権で個別評価金銭債権を除くこととされていますので，この点留意する必要があります。

《関係法令等》

　法法52①②

Q&A編

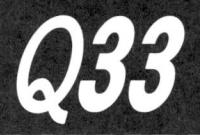

Q33 更生手続開始の申立てにおいて更生担保権の届出をした場合の貸倒引当金の繰入れ

当社は製造業を営む3月決算法人です。

取引先である甲社は経営状態が急激に悪化したため債務超過に陥り平成23年3月1日に更生手続開始の申立てをしました。

当社は，甲社に対して貸付金5,000万円を有していますが，甲社の土地（処分見込価額5,000万円）に抵当権（第1順位）を設定していますので，平成23年3月25日に更生担保債権として届出しました。

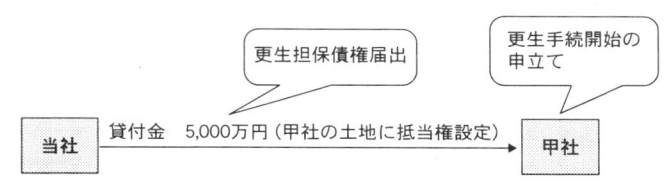

```
              更生担保債権届出        更生手続開始の申立て
  当社 ── 貸付金 5,000万円（甲社の土地に抵当権設定）── 甲社
```

平成23年3月期末において，当社は当該債権が更生担保権として認められるかどうか不明であることから，法人税法施行令96条1項3号を適用して甲社に対する貸付金5,000万円の50％相当額2,500万円について貸倒引当金の繰入れとして下記の会計処理を行いましたが，平成23年3月期の損金として認められますか。

なお，当社は平成23年3月期に係る法人税の確定申告書は申告期限前のため提出しておりません。

（借）貸倒引当金繰入　25,000,000　　（貸）貸倒引当金　25,000,000

ANSWER

貴社が甲社に対して有する金銭債権5,000万円から更生担保債権として届け出た5,000万円を担保権の実行による取立て等の見込額として控除することとなりますので，貸倒引当金を繰り入れることはできないものと考

> えられます。

解説

1　形式基準による50％相当額の貸倒引当金の繰入れ

　当該内国法人が当該事業年度終了の時において有する個別評価金銭債権に係る債務者につき次に掲げる事由が生じている場合（法令96①一に掲げる場合及び法令96①二に定める金額を法法52①に規定する個別貸倒引当金繰入限度額として同項の規定の適用を受けた場合を除きます）には，当該個別評価金銭債権の額（当該個別評価金銭債権の額のうち，当該債務者から受け入れた金額があるため実質的に債権とみられない部分の金額及び担保権の実行，金融機関又は保証機関による保証債務の履行その他により取立て等の見込みがあると認められる部分の金額を除きます）の100分の50に相当する金額について，個別評価金銭債権に係る貸倒引当金として繰入れができることとされています（法法52①，法令96①三）。

(1)　更生手続開始の申立て
(2)　再生手続開始の申立て
(3)　破産手続開始の申立て
(4)　特別清算開始の申立て
(5)　(1)から(4)までに掲げる事由に準ずるものとして財務省令で定める事由

　この上記(5)の財務省令で定める事由とは，手形交換所による取引停止処分をいいます（法規25の3）。

　そして，この担保権の実行により取立て等の見込みがあると認められる部分の金額とは，質権，抵当権，所有権留保，信用保険等によって担保されている部分の金額をいうこととされています（法基通11－2－5）。

2　更生担保権

　「更生担保権」とは，更生手続開始当時更生会社の財産につき存する担保権（特別の先取特権，質権，抵当権及び留置権に限ります）であって更生手続開始前の

Q＆A編

原因に基づいて生じたものをいい（会更2⑩），この更生担保権は更生手続においては優先的に取り扱われることとされています。

3　本事例の場合

貴社は，甲社に対して個別評価金銭債権5,000万円を有しており，当該債権の担保として甲社の土地（処分見込価額5,000万円）に抵当権を設定していますので，平成23年3月25日に更生担保権として届出を行っています。

平成23年3月期末において，貴社は当該債権が更生担保権として認められるかどうか不明であったとしても，貴社が更生担保債権として届け出ている限り，担保権の実行による取立て等の見込額として当該金額を貴社の金銭債権から控除して貸倒引当金の限度額の計算をすることとなります。

《関係法令等》

法法52①

法令96①三

法基通11－2－5

会更2⑩

4　申告調整

貴社が甲社に対して有する個別評価金銭債権5,000万円から更生担保債権として届け出た5,000万円を控除することとなりますので，貸倒引当金を繰り入れることはできないこととなりますので下記の申告調整を行うこととなります。

【会社経理】

　　（借）貸倒引当金繰入　25,000,000　　（貸）貸倒引当金　25,000,000

【税務仕訳】

　　なし

【税務修正仕訳】

　　（借）貸倒引当金　25,000,000　　（貸）貸倒引当金繰入　25,000,000

別表四

区　　　分		総　　額	処　　　　分	
			留　保	社　外　流　出
		①	②	③
当期利益又は当期欠損の額	1	円	円	配当　　　　　円
				その他
加	損金の額に算入した法人税（附帯税を除く。）	2			
	損金の額に算入した道府県民税（利子割額を除く。）及び市町村民税	3			
	損金の額に算入した道府県民税利子割額	4			
	損金の額に算入した納税充当金	5			
	損金の額に算入した附帯税（利子税を除く。)，加算金，延滞金（延納分を除く。）及び過怠税	6			その他
	減価償却の償却超過額	7			
	役員給与の損金不算入額	8			その他
算	交際費等の損金不算入額	9			その他
	貸倒引当金繰入超過額	10	25,000,000	25,000,000	
	小　　　計	11			

別表五㈠

事業年度 22・4・1 〜 23・3・31　　法人名 ○○社

I　利益積立金額の計算に関する明細書					
区　　　分		期首現在利益積立金額	当　期　の　増　減		差引翌期首現在利益積立金額 ①－②＋③
			減	増	
		①	②	③	④
利　益　準　備　金	1	円	円	円	円
積　立　金	2				
貸　倒　引　当　金	3			25,000,000	25,000,000
	4				
	5				

Q34 法人税法施行令96条1項3号の規定による手形交換所による取引停止処分を理由とする個別評価金銭債権に係る貸倒引当金の繰入限度額の算定において，親会社の人的保証がある場合に当該人的保証を考慮して回収可能額を考慮する必要があるか

当社は建設業を営む3月決算法人です。

当社の取引先甲社は，平成23年3月25日に手形交換所による取引停止処分を受けました。当社は甲社に対して売掛金5,000万円を有していることから，平成23年3月期において，当社は法人税法施行令96条1項3号の規定により甲社に対する売掛金5,000万円の50％相当額の2,500万円を貸倒引当金として繰り入れました。

《平成23年3月期》

　　（借）貸倒引当金繰入　25,000,000　　（貸）貸倒引当金　25,000,000

ところで，当社が甲社に対する売掛金5,000万円について，当社は甲社の親会社の人的保証をとっていることから，当該人的保証を考慮する必要がありますか。

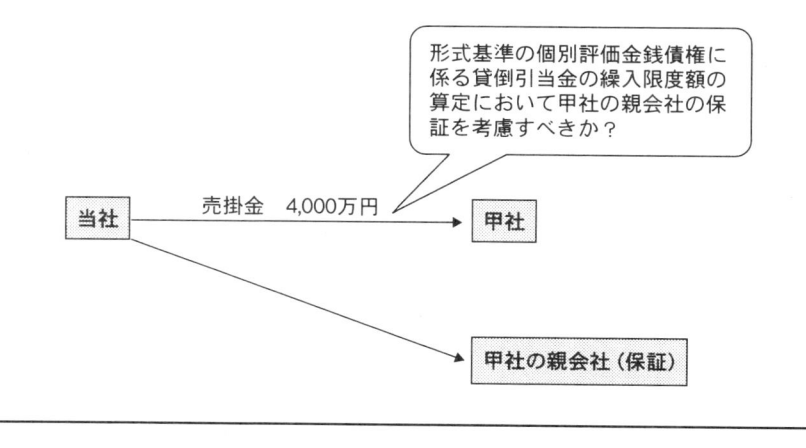

```
                          ┌─────────────────────┐
                          │形式基準の個別評価金銭債権に│
                          │係る貸倒引当金の繰入限度額の│
                          │算定において甲社の親会社の保│
                          │証を考慮すべきか？        │
                          └─────────────────────┘

  ┌────┐   売掛金　4,000万円   ┌────┐
  │当社│ ──────────────────→ │甲社│
  └────┘                       └────┘
      \
       \
        \
         → ┌──────────────────┐
           │甲社の親会社（保証）│
           └──────────────────┘
```

ANSWER

　貴社が甲社に対して有する売掛金5,000万円について，貴社が甲社の親会社の保証をとっていたとしても，法人税法施行令96条1項3号の貸倒引当金を繰入限度額の算定の際に当該人的保証を考慮して回収可能額を控除する必要はないものと考えられます。

解説

1　形式基準による50％相当額の貸倒引当金の繰入れ

　当該内国法人が当該事業年度終了の時において有する個別評価金銭債権に係る債務者につき次に掲げる事由が生じている場合（法令96①一に掲げる場合及び法令96①二に定める金額を法法52①に規定する個別貸倒引当金繰入限度額として同項の規定の適用を受けた場合を除きます）には，当該個別評価金銭債権の額（当該個別評価金銭債権の額のうち，当該債務者から受け入れた金額があるため実質的に債権とみられない部分の金額及び担保権の実行，金融機関又は保証機関による保証債務の履行その他により取立て等の見込みがあると認められる部分の金額を除きます）の100分の50に相当する金額について，個別評価金銭債権に係る貸倒引当金として繰入れができることとされています（法法52①，法令96①三）。

(1)　更生手続開始の申立て
(2)　再生手続開始の申立て
(3)　破産手続開始の申立て
(4)　特別清算開始の申立て
(5)　(1)から(4)までに掲げる事由に準ずるものとして財務省令で定める事由

　この上記(5)の財務省令で定める事由とは，手形交換所による取引停止処分をいいます（法規25の3）。

　したがって，形式基準による貸倒引当金の繰入限度額の算定において，考慮する保証債務は，金融機関又は保証機関による保証債務の履行により取立て等

の見込みがあると認められる部分に限られます。

　なお，この担保権の実行により取立て等の見込みがあると認められる部分の金額とは，質権，抵当権，所有権留保，信用保険等によって担保されている部分の金額をいうこととされています（法基通11－2－5）。

2　本事例の場合

　上記1のとおり，貴社が甲社に対して有する個別評価金銭債権5,000万円について，貴社が甲社の親会社の保証をとっていたとしても，法人税法施行令96条1項3号の貸倒引当金を繰入限度額の算定の際に当該人的保証を考慮する必要はないものと考えられます。

《関係法令等》

　法法52①

　法令96①三

　法規25の3

　法基通11－2－5

Q35 期末に取引先に第1回目の手形不渡りが発生し、翌期の確定申告期限までに手形交換所による取引停止処分があった場合の貸倒引当金の繰入時期

当社は製造業を営む3月決算法人です。

当社の取引先甲社が平成23年3月28日に手形交換所による取引停止処分を受けたとの連絡があったことから、当社が甲社に対して有する受取手形について、法人税法施行令96条1項3号の規定によりその50％相当額を貸倒引当金として繰り入れました。

ところが、その後、事実関係を確認したところ、甲社の第1回目の手形不渡りは平成23年3月28日で翌期に2回目の手形不渡りがあり、手形交換所による取引停止処分があったのは翌期の平成23年4月10日でした。

この場合、当社は平成23年3月期の法人税の確定申告書は提出していませんが申告調整で加算する必要がありますか。

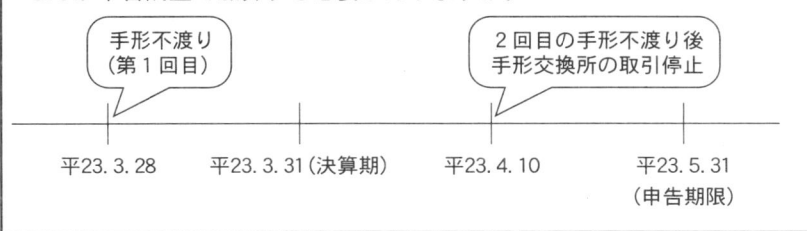

```
手形不渡り                    2回目の手形不渡り後
（第1回目）                   手形交換所の取引停止

─┬─────┬──────────┬──────────┬─
平23.3.28   平23.3.31(決算期)   平23.4.10        平23.5.31
                                              (申告期限)
```

ANSWER

貴社の事業年度終了の日である平成23年3月31日までに甲社に手形の不渡りがあり、貴社の申告期限である平成23年5月31日までに甲社は手形交換所による取引停止を受けていますので、法人税基本通達11—2—11《手形交換所の取引停止処分》の定めにより法人税法施行令96条1項3号ホの規定を適用して個別評価金銭債権に係る貸倒引当金の繰入れが認められるものと考えられます。

Q&A編

解説

1　形式基準による50％相当額の貸倒引当金の繰入れ

　当該内国法人が当該事業年度終了の時において有する個別評価金銭債権に係る債務者につき次に掲げる事由が生じている場合（法令96①一に掲げる場合及び法令96①二に定める金額を法法52①に規定する個別貸倒引当金繰入限度額として同項の規定の適用を受けた場合を除きます）には，当該個別評価金銭債権の額（当該個別評価金銭債権の額のうち，当該債務者から受け入れた金額があるため実質的に債権とみられない部分の金額及び担保権の実行，金融機関又は保証機関による保証債務の履行その他により取立て等の見込みがあると認められる部分の金額を除きます）の100分の50に相当する金額について，個別評価金銭債権に係る貸倒引当金として繰入れができることとされています（法法52①，法令96①三）。

(1)　更生手続開始の申立て
(2)　再生手続開始の申立て
(3)　破産手続開始の申立て
(4)　特別清算開始の申立て
(5)　(1)から(4)までに掲げる事由に準ずるものとして財務省令で定める事由

　この上記(5)の財務省令で定める事由とは，手形交換所による取引停止処分をいいます（法規25の3）。

2　手形交換所の取引停止処分

　法人の各事業年度終了の日までに債務者の振り出した手形が不渡りとなり，当該事業年度分に係る確定申告書の提出期限（法法75の2《確定申告書の提出期限の延長の特例》の規定によりその提出期限が延長されている場合には，その延長された期限）までに当該債務者について法人税法施行規則25条の3《更生手続開始の申立て等に準ずる事由》に規定する手形交換所による取引停止処分が生じた場合には，当該事業年度において法人税法施行令96条1項3号《貸倒引当金勘定への繰入限度額》の規定を適用することができることとされています（法基通

11-2-11)。

3　本事例の場合

　上記2のとおり、貴社の事業年度終了の日である平成23年3月31日までに甲社に不渡りがあり、貴社の申告期限である平成23年5月31日までに甲社は手形交換所による取引停止処分を受けていますので、貴社が甲社に対して有する金銭債権は、法人税基本通達11-2-11《手形交換所の取引停止処分》の定めにより法人税法施行令96条1項3号の規定を適用して個別評価金銭債権に係る貸倒引当金の繰入れが認められるものと考えられます。

《関係法令等》
　法法52①
　法令96①三
　法規25の3
　法基通11-2-11

Q&A編

Q36 法人税法施行令96条1項3号の規定による手形交換所による取引停止処分を理由とする個別評価金銭債権に係る貸倒引当金の繰入れの算定において、担保として債務者の親会社からの手形を受け取っている場合に当該担保を控除する必要があるか

　当社は製造業を営む3月決算法人です。

　当社の取引先甲社は、平成23年3月19日に手形交換所取引停止処分を受けました。

　当社は甲社に対して貸付金1,000万円を有していることから、平成23年3月期において、当社は法人税法施行令96条1項3号の規定により甲社に対する貸付金1,000万円の50％相当額500万円を貸倒引当金として繰り入れました。

　　（借）貸倒引当金繰入　5,000,000　　（貸）貸倒引当金　5,000,000

　ところで、当社が甲社に対する貸付金1,000万円については、当社は担保として甲社の親会社である乙社振出しの受取手形800万円を受け取っていますので、この分を個別評価金銭債権に係る貸倒引当金の繰入額を計算する際に当該担保を控除して貸倒引当金の繰入額を再計算する必要がありますか。

　なお、当社は平成23年3月期に係る法人税の確定申告書は申告期限前のため提出しておりません。

> **ANSWER**
>
> 貴社が甲社に対する金銭債権1,000万円について，貴社は甲社の親会社である乙社振出しの受取手形800万円を受け取っていますので，個別評価金銭債権に係る貸倒引当金の繰入額を計算する際に当該受取手形800万円を控除して計算した100万円（(1,000万円－800万)×50％）が繰入限度額となりますので，貴社が計上した貸倒引当金繰入500万円との差額400万円について申告調整で加算することとなります。

解説

1 形式基準による50％相当額の貸倒引当金の繰入れ

当該内国法人が当該事業年度終了の時において有する個別評価金銭債権に係る債務者につき次に掲げる事由が生じている場合（法令96①一に掲げる場合及び法令96①二に定める金額を法法52①に規定する個別貸倒引当金繰入限度額として同項の規定の適用を受けた場合を除きます）には，当該個別評価金銭債権の額（当該個別評価金銭債権の額のうち，当該債務者から受け入れた金額があるため実質的に債権とみられない部分の金額及び担保権の実行，金融機関又は保証機関による保証債務の履行その他により取立て等の見込みがあると認められる部分の金額を除きます）の100分の50に相当する金額について，個別評価金銭債権に係る貸倒引当金として繰入れができることとされています（法法52①，法令96①三）。

(1) 更生手続開始の申立て
(2) 再生手続開始の申立て
(3) 破産手続開始の申立て
(4) 特別清算開始の申立て
(5) (1)から(4)までに掲げる事由に準ずるものとして財務省令で定める事由

この上記(5)の財務省令で定める事由とは，手形交換所による取引停止処分をいいます（法規25の3）。

Q＆A編

したがって，形式基準による貸倒引当金の繰入れを行う場合には，当該個別評価金銭債権の額から，担保権の実行，金融機関又は保証機関による保証債務の履行その他により取立て等の見込みがあると認められる部分の金額を除いて計算することとなります。

そして，この法人税法施行令96条１項１号及び３号《貸倒引当金勘定への繰入限度額》に規定する担保権の実行により取立て等の見込みがあると認められる部分の金額とは，質権，抵当権，所有権留保，信用保険等によって担保されている部分の金額をいうこととされています（法基通11－２－５）。

なお，法人税法施行令96条１項３号《貸倒引当金勘定への繰入限度額》の規定を適用する場合において，法人が債務者から他の第三者の振り出した手形（債務者の振り出した手形で第三者の引き受けたものを含みます）を受け取っている場合における当該手形の金額に相当する金額は，取立て等の見込みがあると認められる部分の金額に該当することとされています（法基通11－２－10）。

2　本事例の場合

貴社が甲社に対して有する金銭債権1,000万円について，貴社は甲社の親会社である乙社振出しの受取手形800万円を受け取っていますので，個別評価金銭債権に係る貸倒引当金の繰入額を計算する際に当該受取手形800万円を控除して計算した100万円（(1,000万円－800万)×50％）が繰入限度額となりますので，貴社が計上した貸倒引当金繰入500万円との差額400万円について申告調整で加算することとなります。

《関係法令等》

　　法法52①

　　法令96①三

　　法規25の３

　　法基通11－２－５

　　法基通11－２－10

3　申告調整

　貴社が甲社に対する金銭債権1,000万円について，貴社は甲社の親会社である乙社振出しの受取手形800万円を受け取っていますので，個別評価金銭債権に係る貸倒引当金の繰入額を計算する際に当該受取手形800万円を控除して計算した100万円（(1,000万円−800万)×50％）が繰入限度額となりますので，貴社が計上した貸倒引当金繰入500万円との差額400万円について申告調整で加算する必要があります。

《平成23年3月期》

【会社経理】

　（借）貸倒引当金繰入　5,000,000　　（貸）貸倒引当金　5,000,000

【税務仕訳】

　（借）貸倒引当金繰入　1,000,000　　（貸）貸倒引当金　1,000,000

　　（10,000,000円−8,000,000円）×50％＝1,000,000

【税務修正仕訳】

　（借）貸倒引当金　4,000,000　　（貸）貸倒引当金繰入額　4,000,000

Q&A編

別表四

| 事業年度 | 22・4・1 〜 23・3・31 | 法人名 | ○○社 |

区　分		総　額	処　分	
			留　保	社外流出
		①	②	③
当期利益又は当期欠損の額	1	円	円	配当　　　　円
				その他
加算	損金の額に算入した法人税（附帯税を除く。）	2			
	損金の額に算入した道府県民税（利子割額を除く。）及び市町村民税	3			
	損金の額に算入した道府県民税利子割額	4			
	損金の額に算入した納税充当金	5			
	損金の額に算入した附帯税（利子割額を除く。），加算金,延滞金(延納分を除く。)及び過怠税	6			その他
	減価償却の償却超過額	7			
	役員給与の損金不算入額	8			その他
	交際費等の損金不算入額	9			その他
	貸倒引当金繰入超過額	10	4,000,000	4,000,000	
	小　計	11			

別表五(一)

| 事業年度 | 22・4・1 〜 23・3・31 | 法人名 | ○○社 |

Ⅰ　利益積立金額の計算に関する明細書

区　分		期首現在利益積立金額	当期の増減		差引翌期首現在利益積立金額 ①－②＋③
			減	増	
		①	②	③	④
利　益　準　備　金	1	円	円	円	円
積　立　金	2				
貸　倒　引　当　金	3			4,000,000	4,000,000
	4				
	5				

Q37

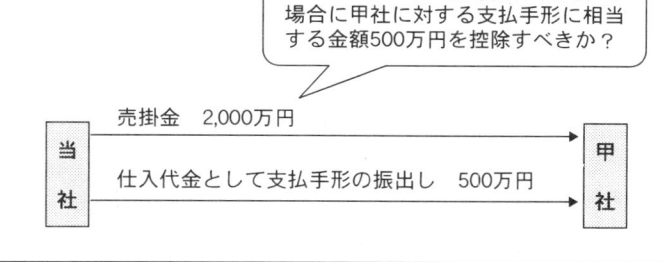

法人税法施行令96条1項3号の規定による手形交換所による取引停止処分を理由とする個別評価金銭債権に係る貸倒引当金の繰入限度額の算定において，債務者に対して振り出した支払手形がある場合に当該支払手形に相当する金額を控除して算定する必要があるか

　当社は製造業を営む3月決算法人です。

　当社の取引先甲社は，平成23年3月25日に手形交換所による取引停止処分を受けました。当社は甲社に対して売掛金2,000万円を有していることから，平成23年3月期において，当社は法人税法施行令96条1項3号の規定により甲社に対する売掛金2,000万円の50％相当額1,000万円を貸倒引当金として繰り入れることを考えています。

　ところで，当社は仕入代金として甲社に対して振り出した支払手形500万円があります。

　この場合，支払手形に相当する金額は，「実質的に債権とみられない部分の金額」として，売掛金2,000万円から支払手形に相当する金額500万円を控除した残額1,500万円の50％の750万円が繰入対象となりますか。

> 形式基準の個別評価金銭債権に係る貸倒引当金の繰入限度額を算定する場合に甲社に対する支払手形に相当する金額500万円を控除すべきか？

```
          売掛金　2,000万円
当　　　　―――――――――――――――――→　甲
社　　　仕入代金として支払手形の振出し　500万円　社
        ―――――――――――――――――→
```

Q & A 編

> **ANSWER**
>
> 貴社が甲社に対して有する個別評価金銭債権2,000万円について法人税法施行令96条1項3号の規定による貸倒引当金の繰入限度額の算定において、債務者に対して振り出した支払手形に相当する金額500万円を控除する必要はないことになりますので、1,000万円（2,000万円×50％）が貸倒引当金の繰入限度額となります。

解説

1 形式基準による50％相当額の貸倒引当金の繰入れ

当該内国法人が当該事業年度終了の時において有する個別評価金銭債権に係る債務者につき次に掲げる事由が生じている場合（法令96①一に掲げる場合及び法令96①二に定める金額を法法52①に規定する個別貸倒引当金繰入限度額として同項の規定の適用を受けたものを除きます）には、当該個別評価金銭債権の額（当該個別評価金銭債権の額のうち、当該債務者から受け入れた金額があるため実質的に債権とみられない部分の金額及び担保権の実行、金融機関又は保証機関による保証債務の履行その他により取立て等の見込みがあると認められる部分の金額を除きます）の100分の50に相当する金額について、個別評価金銭債権に係る貸倒引当金として繰入れができることとされています（法法52①、法令96①三）。

(1) 更生手続開始の申立て
(2) 再生手続開始の申立て
(3) 破産手続開始の申立て
(4) 特別清算開始の申立て
(5) (1)から(4)までに掲げる事由に準ずるものとして財務省令で定める事由

この上記(5)の財務省令で定める事由とは、手形交換所による取引停止処分をいいます（法規25の3）。

2　法人税法施行令96条1項3号の規定における「実質的に債権とみられない部分の金額」

　法人税法施行令96条1項3号《貸倒引当金勘定への繰入限度額》に規定する「当該個別評価金銭債権の額のうち，当該債務者から受け入れた金額があるため実質的に債権とみられない部分の金額」とは，次に掲げるような金額がこれに該当することとされています（法基通11－2－9）。

(1)　<u>同一人に対する売掛金又は受取手形と買掛金がある場合のその売掛金又は受取手形の金額のうち買掛金の金額に相当する金額</u>

(2)　同一人に対する売掛金又は受取手形と買掛金がある場合において，当該買掛金の支払のために他から取得した受取手形を裏書譲渡したときのその売掛金又は受取手形の金額のうち当該裏書譲渡した手形（支払期日の到来していないものに限ります）の金額に相当する金額

(3)　同一人に対する売掛金とその者から受け入れた営業に係る保証金がある場合のその売掛金の額のうち保証金の額に相当する金額

(4)　同一人に対する売掛金とその者から受け入れた借入金がある場合のその売掛金の額のうち借入金の額に相当する金額

(5)　同一人に対する完成工事の未収金とその者から受け入れた未成工事に対する受入金がある場合のその未収金の額のうち受入金の額に相当する金額

(6)　同一人に対する貸付金と買掛金がある場合のその貸付金の額のうち買掛金の額に相当する金額

(7)　使用人に対する貸付金とその使用人から受け入れた預り金がある場合のその貸付金の額のうち預り金の額に相当する金額

(8)　専ら融資を受ける手段として他から受取手形を取得し，その見合いとして借入金を計上した場合のその受取手形の金額のうち借入金の額に相当する金額

(9)　同一人に対する未収地代家賃とその者から受け入れた敷金がある場合のその未収地代家賃の額のうち敷金の額に相当する金額

　したがって，法人税法施行令96条1項3号《貸倒引当金勘定への繰入限度額》

Q&A編

に規定する「当該個別評価金銭債権の額のうち，当該債務者から受け入れた金額があるため実質的に債権とみられない部分の金額」には，債務者に対して振り出した支払手形があったとしても，当該支払手形に相当する金額は実質的に債権とみられない部分の金額に含まれないことになります。

これは，支払手形はたとえ債務者に対して振り出したとしても，裏書等により，その後転々と流通するものであり，期日が到来すれば，当該手形の所持人に支払わなければならないことから，債務者に対して有する金銭債権から控除するものではないものと考えられます。

3　本事例の場合

上記のとおり，貴社が甲社に対して有する個別評価金銭債権2,000万円について法人税法施行令96条1項3号の規定による貸倒引当金の繰入限度額の算定において，債務者に対して振り出した支払手形に相当する金額500万円を控除する必要はないことになりますので，1,000万円（2,000万円×50％）が貸倒引当金の繰入限度額となります。

《関係法令等》

　法法52①

　法令96①三

　法規25の3

　法基通11－2－9

《参　考》

中小企業等の法人が租税特別措置法57条の10第1項の規定による法定繰入率により一括評価金銭債権に係る貸倒引当金の繰入限度額を計算する場合における租税特別措置法施行令33条の9第2項の規定による「実質的に債権とみられない金銭債権」については，租税特別措置法関係通達57の10－1において次のように定められています。

(実質的に債権とみられないもの)

措通57の10-1

　租税特別措置法施行令第33条の9第2項に規定する「その債務者から受け入れた金額があるためその全部又は一部が実質的に債権とみられない金銭債権」には，債務者から受け入れた金額がその債務者に対し有する金銭債権と相殺適状にあるものだけでなく，金銭債権と相殺的な性格をもつもの及びその債務者と相互に融資しているもの等である場合のその債務者から受け入れた金額に相当する金銭債権も含まれるのであるから，次に掲げるような金額はこれに該当することとされています。

(1) 同一人に対する売掛金又は受取手形と買掛金又は支払手形がある場合のその売掛金又は受取手形の金額のうち買掛金又は支払手形の金額に相当する金額

(2) 同一人に対する売掛金又は受取手形と買掛金がある場合において，当該買掛金の支払のために他から取得した受取手形を裏書譲渡したときのその売掛金又は受取手形の金額のうち当該裏書譲渡した手形(支払期日の到来していないものに限ります)の金額に相当する金額

(3) 同一人に対する売掛金とその者から受け入れた営業に係る保証金がある場合のその売掛金の額のうち保証金の額に相当する金額

(4) 同一人に対する売掛金とその者から受け入れた借入金がある場合のその売掛金の額のうち借入金の額に相当する金額

(5) 同一人に対する完成工事の未収金とその者から受け入れた未成工事に対する受入金がある場合のその未収金の額のうち受入金の額に相当する金額

(6) 同一人に対する貸付金と買掛金がある場合のその貸付金の額のうち買掛金の額に相当する金額

(7) 使用人に対する貸付金とその使用人から受け入れた預り金がある場合のその貸付金の額のうち預り金の額に相当する金額

Q&A編

> (8) 専ら融資を受ける手段として他から受取手形を取得し，その見合いとして借入金を計上した場合又は支払手形を振り出した場合のその受取手形の金額のうち借入金又は支払手形の金額に相当する金額
> (9) 同一人に対する未収地代家賃とその者から受け入れた敷金がある場合のその未収地代家賃の額のうち敷金の額に相当する金額

　したがって，上記措通57の10－1(1)により中小企業等の法人が租税特別措置法57条の10第1項の規定による法定繰入率により一括評価金銭債権に係る貸倒引当金の繰入限度額を計算する場合に，債務者に対して振り出した支払手形があるときには，当該支払手形に相当する金額を控除して計算することになります。

　本事例の法人税法施行令96条1項3号《貸倒引当金勘定への繰入限度額》に規定する「当該個別評価金銭債権の額のうち，当該債務者から受け入れた金額があるため実質的に債権とみられない部分の金額」には，債務者に対して振り出した支払手形があったとしても，当該支払手形に相当する金額は含まれないことと異なる取扱いとなっています。これは，一括評価金銭債権に係る貸倒引当金の繰入限度額の計算が個別評価金銭債権に係る貸倒引当金の繰入限度額の計算と異なり単なる計算上の損失見込額にすぎないものによるものと考えられます。

Q38 一括評価金銭債権に係る貸倒引当金の繰入限度額の算定における主たる事業の判定

当社は製造業の他に当期から卸売業を営む資本金5,000万円の3月決算法人です。

平成23年3月期の決算における当社の売上，使用人，経常的金銭債権の状況は下記のとおりです。

	売上	使用人	経常的な金銭債権
製造部門	6億円	35人	5,000万円
卸売部門	2.4億円	15人	2,000万円
合　計	8.4億円	50人	7,000万円

（注）　使用人及び経常的な金銭債権は決算期末の人員と金額とします。

平成23年3月期における当社の一括評価金銭債権に係る貸倒引当金の繰入額の算定において法定繰入率を適用する場合には，それぞれの事業ごとに区分して計算することになりますか。

ANSWER

法人が2以上の事業を兼営している場合の法定繰入率は，主たる事業で判定することになります。いずれの事業が主たる事業であるかは，それぞれの事業に属する収入金額又は所得金額の状況，使用人の数等事業の規模を表わす事実，経常的な金銭債権の多寡等を総合的に勘案して判定することとされていますので，貴社の場合は製造業になるものと考えられます。

Q&A編

解説

1 中小企業等の貸倒引当金の特例

　法人(法人税法2条9号に規定する普通法人のうち各事業年度終了時において資本金の額又は出資金の額が1億円を超えるもの及び同法66条6項2号に掲げる法人に該当するもの並びに保険業法に規定する相互会社及びこれに準ずるものとして政令で定めるものを除きます)が法人税法52条2項《一括評価金銭債権に係る貸倒引当金の繰入限度額》の規定の適用を受ける場合には、同項の規定にかかわらず、当該事業年度終了の時における同項に規定する一括評価金銭債権(当該法人が当該法人との間に連結完全支配関係がある連結法人に対して有する金銭債権を除きます)の帳簿価額(政令で定める金銭債権にあっては、政令で定める金額を控除した残額)の合計額に政令で定める割合を乗じて計算した金額をもって、同項に規定する政令で定めるところにより計算した金額とすることができるとされています(措法57の10①)。

　すなわち、資本金1億円以下の普通法人は、一括評価金銭債権に係る貸倒引当金の繰入額の計算について、貸倒実績率(原則法)と法定繰入率との選択適用が認められることになります。

　なお、資本金の額若しくは出資金の額が5億円以上の法人又は相互会社等の100％子法人については、平成22年4月1日以後に開始する事業年度から貸倒引当金の法定繰入率は適用されないこととなりました(平22改正法附則10①)。

　この政令で定める割合は、同項の法人の営む主たる事業が次に掲げる事業のいずれに該当するかに応じ、次に定める割合とされています(措令33の9④)。

卸売業及び小売業(飲食店業及び料理店業を含みます)	製造業	金融及び保険業	割賦販売小売業及び割賦購入あっ旋業等	その他
$\frac{10}{1,000}$	$\frac{8}{1,000}$	$\frac{3}{1,000}$	$\frac{13}{1,000}$	$\frac{6}{1,000}$

2　主たる事業の判定基準

　法人の営む事業が租税特別措置法施行令33条の9第4項に掲げる事業のうちいずれの事業に該当するかは，別に定めるものを除き，おおむね日本標準産業分類（総務省）の分類を基準として判定することとされています（措通57の10－3）。

　そして，法人が租税特別措置法施行令33条の9第4項に掲げる事業の2以上を兼営している場合における貸倒引当金勘定への繰入限度額は，主たる事業について定められている割合により計算し，それぞれの事業ごとに区分して計算するのではないことに留意することとされています（措通57の10－4）。

　この場合において，いずれの事業が主たる事業であるかは，それぞれの事業に属する収入金額又は所得金額の状況，使用人の数等事業の規模を表わす事実，経常的な金銭債権の多寡等を総合的に勘案して判定することとされています（措通57の10－4）。

　また，法人が2以上の事業を兼営している場合に，当該2以上の事業のうち一の事業を主たる事業として判定したときは，その判定の基礎となった事実に著しい変動がない限り，継続して当該一の事業を主たる事業とすることができることとされています（措通57の10－4（注））。

　なお，自己の計算において原材料等を購入し，これをあらかじめ指示した条件に従って下請加工させて完成品として販売するいわゆる製造問屋の事業は，租税特別措置法施行令33条の9第4項の製造業に該当することとされています（措通57の10－5）。

3　本事例の場合

　上記2のとおり，法人が2以上の事業を兼営している場合の法定繰入率は，主たる事業で判定することになります。いずれの事業が主たる事業であるかは，それぞれの事業に属する収入金額又は所得金額の状況，使用人の数等事業の規模を表わす事実，経常的な金銭債権の多寡等を総合的に勘案して判定することとされていますので，本事例の場合について3つの要素を基にして計算すると

Q&A編

　　製造部門　（71.4％＋70％＋71.4％）÷3＝70.9％

　　卸売部門　（28.6％＋30％＋28.6％）÷3＝29.1％

となりますので，貴社は製造業と考えられますので法定繰入率1,000分の8を適用することになるものと考えられます。

《関係法令等》

　措法57の10①

　措令33の9④

　措通57の10－3

　措通57の10－4

　（平成22改正法附則110①）

Q39 ゴルフ会員権の相場が50％以上下落した場合に貸倒引当金の計上は認められるのか

当社は製造業を営む3月決算法人です。

当社は甲ゴルフクラブの会員権（帳簿価額2,000万円，入会金500万円，預託金1,500万円）を所有しています。

ところが，平成23年3月末の当該ゴルフ会員権の市場価額が300万円と大幅に下落したため，市場価額まで評価減する下記の処理を行いましたが，税務上もこの処理で認められますか。

なお，当社は甲ゴルフクラブ会員権でプレーは従来どおりできます。

また，当社は平成23年3月期に係る法人税の確定申告書は申告期限前のため提出しておりません。

預託保証金　1,500万円		入会金500万円
時価300万円	1,200万円 貸倒引当金	評価損 500万円

《平成23年3月期》

（ゴルフ会員権の入会金部分）

（借）ゴルフ会員権評価損　5,000,000　　（貸）ゴルフ会員権　5,000,000

（ゴルフ会員権の預託金部分）

（借）貸倒引当金繰入　12,000,000　　（貸）貸倒引当金　12,000,000

ANSWER

甲ゴルフクラブの会員権の市場価額が，取得価額の50％以上下落していたとしても，税務上は，当該ゴルフ会員権で従来どおりプレーできることからゴルフ会員権は預託金返還請求権として顕在化していないため金銭債

Q&A編

権として貸倒損失及び貸倒引当金の対象とすることができないものと考えられますので、ゴルフ会員権評価損500万円及び貸倒引当金繰入額1,200万円のいずれも認められないものと考えられます。

解説

1 ゴルフ会員権についての会計基準

ゴルフ会員権等のうち株式又は預託保証金から構成されるものは、金融商品会計基準の対象とされています（金融商品会計に関する実務指針12）。

施設利用権を化体した株式及び預託保証金であるゴルフ会員権等は取得価額をもって計上することとされており、それらに時価があるものについて著しい時価の下落が生じた場合、又は時価を有しないものについて当該株式の発行会社の財政状態が著しく悪化した場合には有価証券に準じて減損処理を行うこととされています。また、預託保証金の回収可能性に疑義が生じた場合には債権の評価勘定として貸倒引当金を設定することとされています（金融商品会計に関する実務指針135）。

この著しい下落とは、ゴルフ会員権は有価証券に準じて評価することとされているので、ゴルフ会員権の時価が取得価額に比べて50％程度以上下落した場合と考えられ、また、預託保証金の回収可能性の疑義とは、時価がある場合には、預託保証金の時価が著しく下落して、預託保証金額を下回ったような場合をいい、預託保証金を上回る部分は減損処理により直接評価損を計上し、下回る部分については貸倒引当金を設定することとなりますが（金融商品に関する実務指針311）、預託保証金の回収可能性がほとんどないと判断される場合には、貸倒損失額を預託保証金から直接控除することになります（金融商品会計Q&A Q46）。

すなわち、本事例の場合には取得価額2,000万円のゴルフ会員権が平成23年3月末の時価が300万円になったことから、貴社はこの入会金部分について、

（借）ゴルフ会員権評価損　5,000,000　　（貸）ゴルフ会員権　5,000,000

と減損処理により直接評価損を計上し、また、貴社はゴルフ会員権の預託金部分について取得価額の50％以上下落していることから、預託保証金を市場価額まで評価減する下記の会計処理を行いました。

（借）貸倒引当金繰入 12,000,000　　（貸）貸 倒 引 当 金 12,000,000

2　預託金制ゴルフクラブ会員権についての税務上の取扱い

　預託金制ゴルフクラブのゴルフ会員権については、退会の届出、預託金の一部切捨て、破産手続開始の決定等の事実に基づき預託金返還請求権の全部又は一部が顕在化した場合において、当該顕在化した部分については、金銭債権として貸倒損失及び貸倒引当金の対象とすることができることとされています（法基通9－7－12(注)）。

　預託金制ゴルフクラブ会員権の法的性格は、会員のゴルフ場経営会社に対する契約上の地位であり、施設利用権、預託金返還請求権、年会費納入義務等を内容とする債権的法律関係であるといわれています（最高裁昭和61年9月11日）が、ゴルフ場を利用できる間は施設利用権が顕在化し、預託金返還請求権は潜在的・抽象的な権利にすぎないものとされています。

　すなわち、預託金制ゴルフクラブのゴルフ会員権については、退会の届出等に基づき預託金返還請求権の全部又は一部が顕在化した場合において、当該顕在化した部分については、金銭債権として貸倒損失及び貸倒引当金の対象とすることができると考えられます。

3　本事例の場合

　上記2のとおり、甲ゴルフクラブの会員権の市場価額が、取得価額の50％以上下落していたとしても、税務上は、当該ゴルフ会員権で従来どおりプレーできることからゴルフ会員権は預託金返還請求権として顕在化していないため金銭債権として貸倒損失及び貸倒引当金の対象とすることができないものと考えられますので、ゴルフ会員権評価損500万円及び貸倒引当金繰入1,200万円のいずれも認められないものと考えられます。

Q＆A編

《関係法令等》

　法基通9－7－12

　金融商品会計に関する実務指針12，135，311

　金融商品会計Q＆A　Q46

　国税庁質疑応答事例（出所：国税庁ホームページ）

　　　ゴルフ場について会社更生法の申立てがあった場合のゴルフ会員権に対する貸倒引当金の計上

4　申告調整

　甲ゴルフクラブの会員権の市場価額が，取得価額の50％以上下落していたとしても，税務上は，当該ゴルフ会員権で従来どおりプレーできることからゴルフ会員権は預託金返還請求権として顕在化していないため金銭債権として貸倒損失及び貸倒引当金の対象とすることができないものと考えられますので，ゴルフ会員権評価損500万円及び貸倒引当金繰入1,200万円のいずれも認められないので，申告調整で加算することとなります。

《平成23年3月期》

【会社経理】

（ゴルフ会員権の入会金部分）

　（借）ゴルフ会員権評価損　5,000,000　　（貸）ゴルフ会員権　5,000,000

（ゴルフ会員権の預託金部分）

　（借）貸倒引当金繰入　12,000,000　　（貸）貸倒引当金　12,000,000

【税務仕訳】

　なし

【税務修正仕訳】

　（借）ゴルフ会員権　5,000,000　　（貸）ゴルフ会員権評価損　5,000,000

　（借）貸倒引当金　12,000,000　　（貸）貸倒引当金繰入　12,000,000

別表四

事業年度 22・4・1 〜 23・3・31　法人名 ○○社

区　分		総　額	処　分	
			留　保	社 外 流 出
		①	②	③
当期利益又は当期欠損の額	1	円	円	配当　円
				その他
加算	損金の額に算入した法人税（附帯税を除く。）	2			
	損金の額に算入した道府県民税（利子割額を除く。）及び市町村民税	3			
	損金の額に算入した道府県民税利子割額	4			
	損金の額に算入した納税充当金	5			
	損金の額に算入した附帯税（利子割額を除く。）, 加算金, 延滞金(延納分を除く。)及び過怠税	6			その他
	減価償却の償却超過額	7			
	役員給与の損金不算入額	8			その他
	交際費等の損金不算入額	9			その他
	ゴルフ会員権評価損過大	10	5,000,000	5,000,000	
	貸倒引当金繰入超過額		12,000,000	12,000,000	
	小　計	11			

別表五(一)

事業年度 22・4・1 〜 23・3・31　法人名 ○○社

Ⅰ　利益積立金額の計算に関する明細書

区　分		期首現在利益積立金額	当 期 の 増 減		差引翌期首現在利益積立金額 ①－②＋③
			減	増	
		①	②	③	④
利　益　準　備　金	1	円	円	円	円
積　立　金	2				
ゴ ル フ 会 員 権	3			5,000,000	5,000,000
貸 　倒 　引 　当 　金	4			12,000,000	12,000,000
	5				

Q&A編

Q40 ゴルフ場を経営する法人が法人税法施行令96条1項3号の規定による再生手続開始の申立てを行った場合に，当該ゴルフ会員権（預託金制）は貸倒引当金の繰入れの対象となるか

　当社は建設業を営む3月決算法人です。

　当社は甲ゴルフクラブの会員権（帳簿価額2,000万円，入会金500万円，預託金1,500万円）を所有しています。

　ところが，甲ゴルフ場を経営する会社（以下「甲社」といいます）の経営状態が悪化したため債務超過に陥り甲社は平成22年10月1日に再生手続開始の申立てを行いました。

　当社は，平成23年3月末の当該ゴルフ会員権の市場価額が300万円と大幅に下落したため，預託金部分を市場価額まで評価減する下記の会計処理を行いました。

　なお，当該ゴルフ場において，当該ゴルフ会員でプレーはできます。

　ところで，平成23年3月期に，当社が申告調整する場合には，甲社が再生手続開始の申立てを行っていることから，当該預託金部分の50％相当額を法人税法施行令96条1項3号の規定により750万円（1,500万円×50％）については貸倒引当金が繰り入れられるものとして450万円（1,200万円－750万円）を申告調整で加算することを考えていますがこれでよろしいですか。

　なお，当社は平成23年3月期に係る法人税の確定申告書は申告期限前のため提出しておりません。

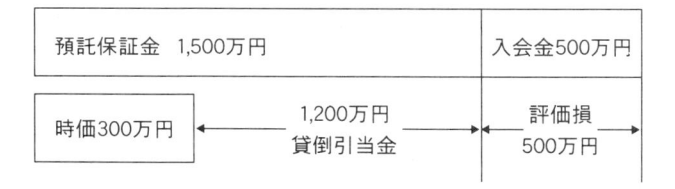

預託保証金　1,500万円		入会金500万円
時価300万円	←　1,200万円　→ 貸倒引当金	←評価損→ 500万円

《平成23年3月期》
《会計処理》
（ゴルフ会員権の入会金部分）
（借）ゴルフ会員権評価損　5,000,000　（貸）ゴルフ会員権　5,000,000
（ゴルフ会員権の預託金部分）
（借）貸倒引当金繰入　12,000,000　（貸）貸倒引当金　12,000,000

ANSWER

　甲社の経営状態が悪化したため債務超過に陥り甲社が平成22年10月1日に再生手続開始の申立てを行ったとしても，税務上は，当該ゴルフ会員権で従来どおりプレーできることからゴルフ会員権は預託金返還請求権として顕在化していないため金銭債権として貸倒損失及び貸倒引当金の対象とすることができないものと考えられますので，ゴルフ会員権評価損500万円及び貸倒引当金繰入額1,200万円のいずれも税務上の損金算入は認められないので申告調整で加算することとなります。

解説

1　ゴルフ会員権についての会計基準

　ゴルフ会員権等のうち株式又は預託保証金から構成されるものは，金融商品会計基準の対象とされています（金融商品会計に関する実務指針12）。

　施設利用権を化体した株式及び預託保証金であるゴルフ会員権等は取得価額をもって計上することとされており，それらに時価があるものについて著しい時価の下落が生じた場合，又は時価を有しないものについて当該株式の発行会社の財政状態が著しく悪化した場合には有価証券に準じて減損処理を行うこととされています。また，預託保証金の回収可能性に疑義が生じた場合には債権の評価勘定として貸倒引当金を設定することとされています（金融商品会計に関

する実務指針135)。

　この著しい下落とは，ゴルフ会員権は有価証券に準じて評価することとされているので，ゴルフ会員権の時価が取得価額に比べて50％程度以上下落した場合と考えられ，また，預託保証金の回収可能性の疑義とは，時価がある場合には，預託保証金の時価が著しく下落して，預託保証金額を下回ったような場合をいい，預託保証金を上回る部分は減損処理により直接評価損を計上し，下回る部分については貸倒引当金を設定することとなりますが（金融商品に関する実務指針311），預託保証金の回収可能性がほとんどないと判断される場合には，貸倒損失額を預託保証金から直接控除することになります（金融商品会計Ｑ＆Ａ　Ｑ46)。

　すなわち，本事例の場合には取得価額2,000万円のゴルフ会員権が平成23年3月末の時価が300万円になったことから，貴社はこの入会金部分について，

　　（借）ゴルフ会員権評価損　5,000,000　　（貸）ゴルフ会員権　5,000,000

と減損処理により直接評価損を計上し，また，貴社はゴルフ会員権の預託金部分について取得価額の50％以上下落し，預託保証金を市場価額まで評価減する下記の会計処理を行うことになります。

　　（借）貸倒引当金繰入　12,000,000　　（貸）貸倒引当金　12,000,000

2　預託金制ゴルフクラブ会員権についての税務上の取扱い

　預託金制ゴルフクラブのゴルフ会員権については，退会の届出，預託金の一部切捨て，破産手続開始の決定等の事実に基づき預託金返還請求権の全部又は一部が顕在化した場合において，当該顕在化した部分については，金銭債権として貸倒損失及び貸倒引当金の対象とすることができることとされています（法基通9－7－12(注)）。

　預託金制ゴルフクラブ会員権の法的性格は，会員のゴルフ場経営会社に対する契約上の地位であり，施設利用権，預託金返還請求権，年会費納入義務等を内容とする債権的法律関係であるといわれています（最高裁昭和61年9月11日）が，ゴルフ場を利用できる間は施設利用権が顕在化し，預託金返還請求権は潜在

的・抽象的な権利にすぎないものとされています。

　ゴルフ場経営会社に再生手続開始の申立てが行われた場合には，再生手続は再建型の倒産手続であることから，通常会員契約は解除されないため，退会しない限り預託金返還請求権は顕在化しないことから，金銭債権として貸倒損失及び貸倒引当金の対象にはできないものと考えられます。

3　本事例の場合

　上記2のとおり，甲社の経営状態が悪化したため債務超過に陥り甲社が平成22年10月1日に再生手続開始の申立てを行ったとしても，税務上は，当該ゴルフ会員権で従来どおりプレーできることからゴルフ会員権は預託金返還請求権として顕在化していないため金銭債権として貸倒損失及び貸倒引当金の対象とすることができないものと考えられますので，ゴルフ会員権評価損500万円及び貸倒引当金繰入1,200万円のいずれも税務上の損金算入は認められないので申告調整で加算することとなります。

《関係法令等》

　法基通9－7－12（注）

　金融商品会計に関する実務指針12,135,311

　金融商品会計Q&A　Q46

　国税庁質疑応答事例（出所：国税庁ホームページ）

　　　ゴルフ場について会社更生法の申立てがあった場合のゴルフ会員権に対する貸倒引当金の計上

Q&A編

別表四

| 事業年度 | 22・4・1 ～ 23・3・31 | 法人名 | ○○社 |

区　分		総　額	処　分	
			留　保	社 外 流 出
		①	②	③
当期利益又は当期欠損の額	1	円	円	配当　　円
				その他
加	損金の額に算入した法人税（附帯税を除く。）	2			
	損金の額に算入した道府県民税（利子割額を除く。）及び市町村民税	3			
	損金の額に算入した道府県民税利子割額	4			
	損金の額に算入した納税充当金	5			
	損金の額に算入した附帯税（利子割額を除く。），加算金，延滞金(延納分を除く。)及び過怠税	6			その他
	減価償却の償却超過額	7			
	役員給与の損金不算入額	8			その他
算	交際費等の損金不算入額	9			その他
	ゴルフ会員権評価損過大	10	5,000,000	5,000,000	
	貸倒引当金繰入超過額		12,000,000	12,000,000	
	小　　計	11			

別表五(一)

| 事業年度 | 22・4・1 ～ 23・3・31 | 法人名 | ○○社 |

Ⅰ　利益積立金額の計算に関する明細書					
区　分		期首現在利益積立金額	当 期 の 増 減		差引翌期首現在利益積立金額 ①－②＋③
			減	増	
		①	②	③	④
利　益　準　備　金	1	円	円	円	円
積　立　金	2				
ゴ ル フ 会 員 権	3			5,000,000	5,000,000
貸 倒 引 当 金	4			12,000,000	12,000,000
	5				

Q41 ゴルフ場を経営する法人に破産手続開始の決定があった場合に当該ゴルフ会員権（預託金制）は貸倒引当金の繰入れの対象となるか

　当社は製造業を営む3月決算法人です。

　当社は甲ゴルフクラブの会員権（預託金1,500万円）を所有しています。

　ところが，甲ゴルフ場を経営する会社（以下「甲社」といいます）の経営状態が悪化したため債務超過に陥り甲社は平成22年10月1日に破産手続開始の申立て後，平成22年10月29日に破産手続開始の決定がありました。

　当社は，預託金返還請求権として1,500万円を破産債権として届け出ました。平成23年3月期に，当社は甲社が破産手続開始の申立てを行っていることから，当該預託金部分の50％相当額を法人税法施行令96条1項3号ロの規定により750万円（1,500万円×50％）については貸倒引当金を繰り入れましたが認められますか。

《平成23年3月期》

（ゴルフ会員権の預託金部分）

（借）貸倒引当金繰入額　7,500,000　　（貸）貸　倒　引　当　金　7,500,000

ANSWER

　甲ゴルフクラブ会員権については，貴社は当該ゴルフ会員権を破産債権として届け出ており甲社に破産手続開始の決定があった時点で，実質的に金銭債権に転換していると考えられることから，貸倒引当金の計上はできるものと考えられます。

Q&A編

解説

1 預託金制ゴルフクラブ会員権についての税務上の取扱い

　法人が資産に計上した入会金については償却を認めないものとするが，ゴルフクラブを脱退してもその返還を受けることができない場合における当該入会金に相当する金額及びその会員たる地位を他に譲渡したことにより生じた当該入会金に係る譲渡損失に相当する金額については，その脱退をし，又は譲渡をした日の属する事業年度の損金の額に算入することとされています（法基通9－7－12）。

　また，預託金制ゴルフクラブのゴルフ会員権については，退会の届出，預託金の一部切捨て，破産手続開始の決定等の事実に基づき預託金返還請求権の全部又は一部が顕在化した場合において，当該顕在化した部分については，金銭債権として貸倒損失及び貸倒引当金の対象とすることができることとされています（法基通9－7－12（注））。

　預託金制ゴルフクラブ会員権の法的性格は，会員のゴルフ場経営会社に対する契約上の地位であり，施設利用権，預託金返還請求権，年会費納入義務等を内容とする債権的法律関係であるといわれています（最高裁昭和61年9月11日）が，ゴルフ場を利用できる間は施設利用権が顕在化し，預託金返還請求権は潜在的・抽象的な権利にすぎないものとされています。

　甲社に破産手続開始決定があった場合には，会員は，破産債権として届け出た預託金債権の範囲内で配当を受けることができることから，破産手続開始決定の時点でゴルフ会員権は実質的に金銭債権に転換するものと考えられます。

2 本事例の場合

　上記1のとおり，甲社の経営状態が悪化したため債務超過に陥り平成22年10月1日に破産手続開始の申立て後，破産手続開始の決定がありました。

　貴社は当該ゴルフ会員権を破産債権として届け出ており甲社に破産法の規定による破産手続開始の決定があった時点で，実質的に金銭債権に転換している

と考えられることから，貸倒引当金の計上はできるものと考えられます。

《関係法令等》

　法基通9－7－12

　国税庁質疑応答事例（出所：国税庁ホームページ）

　　ゴルフ会員権が金銭債権に転換する時期

Q&A編

Q42 ゴルフ会員権を預託金の額面より高く購入し、その後当該ゴルフ会員権が分割された場合に償還損が計上できるか

　当社は製造業を営む3月決算法人です。

当社は甲ゴルフクラブの会員権（帳簿価額2,000万円，預託金額面1,000万円）を所有しています。

　ところで，今般，平成23年3月に甲ゴルフ場経営会社（以下「甲社」といいます）は預託金償還期限の延長につき会員の同意を得るため，預託金1,000万円の会員権を500万円の会員権2口に分割しました。

　当社の場合，預託金の額面1,000万円を上回る価額2,000万円で当該ゴルフ会員権を取得していますので，その差額1,000万円（1,000万円（今回交付されるゴルフ会員権の預託金の額面500万円2口の合計金額）－2,000万円（帳簿価額）を償還損として下記の会計処理を行いましたが認められますか。

　なお，甲ゴルフ会員権の分割後も会員は従来どおり甲ゴルフ場を利用できます。

　なお，当社は平成23年3月期に係る法人税の確定申告書は申告期限前のため提出しておりません。

《平成23年3月期》

（借）ゴルフ会員権　5,000,000　　（貸）ゴルフ会員権　20,000,000
　　　ゴルフ会員権　5,000,000
　　　ゴルフ会員権償還損　10,000,000

ANSWER

　甲ゴルフ会員権の分割後も会員は従来どおり甲ゴルフ場を利用できることから，会員権の分割は，既存の権利内容の変更がなされたにすぎないので，分割により損益は生じないものとみることが相当と考えられます。

解説

1 ゴルフ会員権の分割

　ゴルフ会員権を分割した場合には，既存の契約の解除と新たな契約の締結とみるか，既存の契約内容の変更とみるかという考え方がありますが，ゴルフ場施設利用権，すなわち会員がゴルフ場施設を利用できるという点においては，会員権の分割後も従来と変わらないことから，会員権の分割によって既存の契約の解除と新たな契約の締結が発生したとみることはできないものと考えられます。

　また，預託金返還請求権の潜在的・抽象的な性格や将来返還されることとなる金額の総額に変更がないことから，この分割によって損益を生じさせることはできないものと考えられます。

　会員権の分割は，既存の権利内容の変更，すなわち，施設利用権の分割であり，潜在している預託金返還請求権の総額に変更はないことから，分割により損益は生じないとみるべきものと考えられます。

　そのため，会員権の分割が行われた場合には，預託金の額面金額を上回る価額で取得した会員権であっても，帳簿価額と新たな預託金の額面金額の合計額との差額を償還損として損金の額に算入することは認められないものと考えられます。

　また，預託金の額面金額を下回る価額で取得した会員権は，帳簿価額と新たな預託金の額面金額の合計額との差額を償還益として益金の額に算入する必要はないものと考えられます。

　したがって，本事例の帳簿価額が2,000万円の場合，税務上の処理は次のようになるものと考えられます。

　　（借）ゴルフ会員権 10,000,000　　（貸）ゴルフ会員権 20,000,000
　　　　　ゴルフ会員権 10,000,000

Q&A編

2　本事例の場合

上記のとおり，甲ゴルフ会員権の分割後も会員は従来どおり甲ゴルフ場を利用できることから，会員権の分割は，既存の権利内容の変更がなされたにすぎないので，分割により損益は生じないとみることが相当と考えられますので，ゴルフ会員権償還損1,000万円は認められないものと考えられます。

《関係法令等》

　国税庁質疑応答事例（出所：国税庁ホームページ）
　　ゴルフ会員権が分割された場合の取扱い

3　申告調整

甲ゴルフ会員権の分割後も会員は従来どおり甲ゴルフ場を利用できることから，会員権の分割は，既存の権利内容の変更がなされたにすぎないので，分割により損益は生じないとみることが相当と考えられますので，ゴルフ会員権償還損1,000万円は認められないものと考えられますので，下記の申告調整で加算することとなります。

《平成23年3月期》

【会社経理】

　　（借）ゴルフ会員権　5,000,000　　（貸）ゴルフ会員権　20,000,000
　　　　　ゴルフ会員権　5,000,000
　　　　　ゴルフ会員権償還損　10,000,000

【税務仕訳】

　　（借）ゴルフ会員権　10,000,000　　（貸）ゴルフ会員権　20,000,000
　　　　　ゴルフ会員権　10,000,000

【税務修正仕訳】

　　（借）ゴルフ会員権　5,000,000　　（貸）ゴルフ会員権償還損　10,000,000
　　　　　ゴルフ会員権　5,000,000

別表四

| 事業年度 | 22・4・1 ～ 23・3・31 | 法人名 | ○○社 |

区　　　分		総　　額	処　　分	
			留　保	社　外　流　出
		①	②	③
当期利益又は当期欠損の額	1	円	円	配　当　　　　　円
				その他
加	損金の額に算入した法人税（附帯税を除く。）	2			
	損金の額に算入した道府県民税（利子割額を除く。）及び市町村民税	3			
	損金の額に算入した道府県民税利子割額	4			
	損金の額に算入した納税充当金	5			
	損金の額に算入した附帯税（利子割額を除く。)，加算金，延滞金(延納分を除く。)及び過怠税	6			その他
	減価償却の償却超過額	7			
	役員給与の損金不算入額	8			その他
算	交際費等の損金不算入額	9			その他
	ゴルフ会員権償還損過大	10	10,000,000	10,000,000	
	小　　　計	11			

別表五㈠

| 事業年度 | 22・4・1 ～ 23・3・31 | 法人名 | ○○社 |

Ⅰ　利益積立金額の計算に関する明細書					
区　　　分		期首現在利益積立金額	当　期　の　増　減		差引翌期首現在利益積立金額①－②＋③
			減	増	
		①	②	③	④
利　益　準　備　金	1	円	円	円	円
積　立　金	2				
ゴ　ル　フ　会　員　権	3			5,000,000 5,000,000	10,000,000
	4				
	5				

Q&A編

Q43 長期大規模工事について工事進行基準を適用した場合の未収入金は一括評価金銭債権の対象として貸倒引当金の繰入れはできるのか

　当社は建設業を営む3月決算法人です。

　当社は甲社から自社ビルの建築を請け負いました。

　当社と甲社は当該ビルの請負契約を平成22年5月17日に締結し，平成22年6月1日に着工，平成24年1月31日に完成する予定です。

　当該工事は長期大規模工事に該当し当社は工事進行基準を適用していますが，平成23年3月期末の当該未収入金については，一括評価金銭債権に係る貸倒引当金の計算の対象となりますか。

ANSWER

　貴社が甲社の自社ビル工事について工事進行基準を適用した場合の未収入金は一括評価金銭債権に係る貸倒引当金の対象として貸倒引当金の繰入れができるものと考えられます。

解説

1　平成20年度税制改正

　企業会計基準委員会から平成19年12月27日に「工事契約に関する会計基準」が公表されました。当該会計基準においては，工事契約に関して，工事の進行途上においても，その進捗部分について成果の確実性が認められる場合には工事進行基準を適用し，この要件を満たさない場合には工事完成基準を適用することとされています（同会計基準9）。

　当該基準の適用時期については，平成21年4月1日以後開始する事業年度に着手する工事から適用され，平成21年3月31日以前に開始する事業年度に着手した工事についても適用できることとされています（同会計基準23）。

この改正を受けて、平成20年度の法人税法改正において、法人税法64条《工事の請負に係る収益及び費用の帰属年度》の改正が行われ、主な内容は、①工事の請負に係る収益及び費用の帰属時期の特例の対象となる工事の請負の範囲に、ソフトウエアの開発の請負が追加されたこと、②長期大規模工事に該当する要件が改正前は工事期間2年以上、請負金額50億円以上から、工事期間1年以上、請負金額10億円以上になったこと、③工事進行基準の適用により計上した未収入金について貸倒引当金の対象債権とされました。

2　工事進行基準の適用により計上した未収入金

　内国法人の請負をした工事につきその着手の日からその目的物の引渡しの日の前日までの期間内の日の属する各事業年度において法人税法64条1項又は2項本文《工事の請負に係る収益及び費用の帰属事業年度》の規定の適用を受けている場合には、当該工事に係る下記の(1)に掲げる金額から(2)に掲げる金額を控除した金額を当該工事の請負に係る売掛債権等（売掛金、貸付金その他これらに準ずる金銭債権をいいます）の帳簿価額として、当該各事業年度の所得の金額を計算することとされています（法令130①）。

(1)　当該工事の請負に係る収益の額のうち法人税法64条1項又は2項本文に規定する工事進行基準の方法により当該事業年度前の各事業年度の収益の額とされた金額及び当該事業年度の収益の額とされる金額の合計額

(2)　既に当該工事の請負の対価として支払われた金額

　なお、この規定は平成20年4月1日以後に開始する事業年度の所得に対する法人税について適用され、法人の同日前に開始した事業年度の所得に対する法人税については従来どおりとされています（平成20改正法令附則2）。

3　本事例の場合

　上記1及び2のとおり、貴社が甲社の自社ビル工事について工事進行基準を適用した場合の未収入金は一括評価金銭債権に係る貸倒引当金の対象となります。

Q＆A編
《関係法令》
　法法64
　法令130①
　平成20改正法令附則2
　工事契約に関する会計基準9，23

Q44 保証債務の求償権は債権者から履行請求された時点で一括評価金銭債権に係る貸倒引当金の対象となり貸倒引当金の繰入れができるのか

　当社は卸売業を営む資本金3,000万円の3月決算法人です。

　平成21年4月20日に当社は得意先である甲社の乙銀行からの借入金について連帯保証をしました。

　今般，乙銀行から甲社から返済されないとして，当社に保証債務の履行として平成23年3月26日に4,000万円を請求されました。

　返済方法については，当社の資金繰りが苦しいことから，期末現在乙銀行と協議中です。

　当社としては，乙銀行から平成23年3月26日に4,000万円請求されたことから，平成23年3月26日に下記の会計処理を行いました。

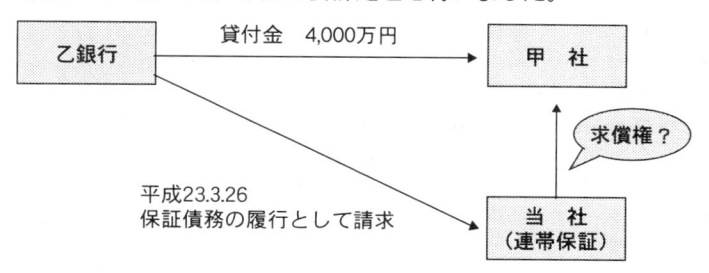

```
乙銀行 ──貸付金 4,000万円──→ 甲社
    ＼                         ↑
     ＼平成23.3.26              │求償権？
      ＼保証債務の履行として請求  │
       ＼                      │
        →──────────────→ 当 社
                              （連帯保証）
```

《平成23年3月期》

（借）未収金（求償権）40,000,000　　（貸）未　払　金　40,000,000

　そして，平成23年3月期において，当社が甲社に対して有する求償権4,000万円について，法人税法施行令96条1項2号の個別評価金銭債権に係る貸倒引当金の計上を考えましたが，甲社の資産状態等が確認できないことから一括評価金銭債権に係る貸倒引当金の対象となる金銭債権として法定繰入率を適用して計算した40万円を貸倒引当金として繰り入れましたが認められますか。

Q&A編

　なお，当社は平成23年3月期に係る法人税の確定申告書は申告期限前のため提出しておりません。

$$40,000,000 \times \frac{10}{1,000} = 400,000$$

《平成23年3月期》
　（借）貸倒引当金繰入　　400,000　　（貸）貸 倒 引 当 金　　400,000

ANSWER

　貴社が保証債務を履行していない時点では，保証債務は単なる偶発債務にすぎず，求償権を取得したことにならないため一括評価金銭債権の対象債権として貸倒引当金の対象とすることはできないものと考えられます。

解説

1　保証債務の求償権に係る貸倒引当金の繰入れ

　保証人が主たる債務者の委託を受けて保証をした場合において，過失なく債権者に弁済をすべき旨の裁判の言渡しを受け，又は主たる債務者に代わって弁済をし，その他自己の財産をもって債務を消滅させるべき行為をしたときは，その保証人は，主たる債務者に対して求償権を有することとされています（民459①）。

　すなわち，自己の財産をもって債務を消滅させるべき行為をしたときに，その保証人は主たる債務者に対して求償権を取得することとなります。

　保証債務を履行していない時点では，保証債務は単なる偶発債務にすぎず，求償権を取得したことにならないため一括評価金銭債権の対象金銭債権として貸倒引当金の対象とはならないこととなります。

　そのため，保証債務を履行した場合の求償権は法人税法52条2項《貸倒引当金》に規定する「その他これらに準ずる金銭債権」に含まれることとされてい

ます（法基通11－2－16(4)）。

2　本事例の場合

　上記1のとおり，貸倒引当金の対象となるのは求償権であり，本事例のように貴社が乙銀行から保証債務の履行として平成23年3月26日に4,000万円を請求されていますが，貴社の資金繰りが苦しいことから，期末時点では返済方法については乙銀行と現在協議中であり，返済自体はされていない状況にあるとのことです。

　したがって，保証債務を履行していない時点では，単なる偶発債務にすぎず貴社は求償権を取得していないことから，一括評価金銭債権の対象金銭債権として貸倒引当金の対象にすることはできないものと考えられます。

《関係法令等》

　法基通11－2－16(4)

　民法459①

3　申告調整

　保証債務は実際に履行するまでは貴社に甲社に対する求償権（債権）は発生しないことから下記の申告調整をすることとなります。

【会社経理】

　（借）未　収　金　40,000,000　　（貸）未　払　金　40,000,000
　（借）貸倒引当金繰入　　400,000　　（貸）貸倒引当金　　　400,000

【税務仕訳】

　なし

【税務修正仕訳】

　（借）未　払　金　40,000,000　　（貸）未　収　金　40,000,000
　（借）貸倒引当金　　　400,000　　（貸）貸倒引当金繰入　　400,000

Q＆A編

別表四

| 事業年度 | 22・4・1 ～ 23・3・31 | 法人名 | ○ ○ 社 |

区　分		総　額	処　分		
			留　保	社　外　流　出	
		①	②	③	
当期利益又は当期欠損の額	1	円	円	配当	円
				その他	
加算	損金の額に算入した法人税（附帯税を除く。）	2			
	損金の額に算入した道府県民税（利子割額を除く。）及び市町村民税	3			
	損金の額に算入した道府県民税利子割額	4			
	損金の額に算入した納税充当金	5			
	損金の額に算入した附帯税（利子割額を除く。），加算金，延滞金（延納分を除く。）及び過怠税	6			その他
	減価償却の償却超過額	7			
	役員給与の損金不算入額	8			その他
	交際費等の損金不算入額	9			その他
	貸倒引当金繰入超過額	10	400,000	400,000	
	小　　　計	11			

別表五(一)

| 事業年度 | 22・4・1 ～ 23・3・31 | 法人名 | ○ ○ 社 |

I　利益積立金額の計算に関する明細書

区　分		期首現在利益積立金額	当期の増減		差引翌期首現在利益積立金額 ①－②＋③
			減	増	
		①	②	③	④
利　益　準　備　金	1	円	円	円	円
積　立　金	2				
未　　収　　金	3			△40,000,000	△40,000,000
未　　払　　金	4			40,000,000	40,000,000
貸　倒　引　当　金	5			400,000	400,000

Q45 一括評価金銭債権に係る貸倒引当金の繰入額の計算における「実質的に債権とみられない部分」の金額の算定の方法は毎期継続適用を要するか

　当社は平成5年4月1日に設立した製造業を営む資本金5,000万円の3月決算法人です。

　平成22年3月期における当社の一括評価金銭債権に係る貸倒引当金の繰入額の算定において、当社は法定繰入率で行っていますが、「実質的に債権とみられない部分の金額」については、各債務者ごとの金銭債権の額からその債務者から受け入れた金額を控除（以下「原則法」といいます）して計算していました。

　平成23年3月期における当社の一括評価金銭債権に係る貸倒引当金の繰入額の計算において、当社は法定繰入率で行いますが、実質的に債権とみられない部分の金額の算定方法については、原則法ではなく、いわゆる簡便法により計算することを考えていますが認められますか。

ANSWER

　貴社の平成23年3月期の一括評価金銭債権に係る貸倒引当金の繰入額の計算において、実質的に債権とみられない部分の金額の算定方法は、継続して適用することは要件となっていませんのでいわゆる簡便法により計算することができるものと考えられます。

解説

1　中小企業等の貸倒引当金の特例

　法人（法人税法2条9号に規定する普通法人のうち各事業年度終了時において資本金の額又は出資金の額が1億円を超えるもの及び同法66条6項2号に掲げる法人に該当するもの並びに保険業法に規定する相互会社及びこれに準ずるものとして政令で定めるも

Q&A編

のを除きます）が法人税法52条２項《一括評価金銭債権に係る貸倒引当金の繰入限度額》の規定の適用を受ける場合には，同項の規定にかかわらず，当該事業年度終了の時における同項に規定する一括評価金銭債権（当該法人が当該法人との間に連結完全支配関係がある連結法人に対して有する金銭債権を除きます）の帳簿価額（政令で定める金銭債権にあっては，政令で定める金額を控除した残額）の合計額に政令で定める割合を乗じて計算した金額をもって，同項に規定する政令で定めるところにより計算した金額とすることができるとされています（措法57の10①）。

すなわち，資本金１億円以下の普通法人は，一括評価金銭債権に係る貸倒引当金の繰入額の計算について，貸倒実績率（原則法）と法定繰入率との選択適用が認められることになります。

なお，資本金の額若しくは出資金の額が５億円以上の法人又は相互会社等の100％子法人については，平成22年４月１日以後に開始する事業年度から貸倒引当金の法定繰入率は適用されないこととなりました（平22改正法附則10①）。

そして，この政令で定める金銭債権とは，その債務者から受け入れた金額があるためその全部又は一部が実質的に債権とみられない金銭債権とし，同項に規定する政令で定める金額は，その債権とみられない部分の金額に相当する金額とされています（措令33の９②）。

なお，この租税特別措置法施行令33条の９第２項に規定する「その債務者から受け入れた金額があるためその全部又は一部が実質的に債権とみられない金銭債権」には，債務者から受け入れた金額がその債務者に対し有する金銭債権と相殺適状にあるものだけでなく，金銭債権と相殺的な性格をもつもの及びその債務者と相互に融資しているもの等である場合のその債務者から受け入れた金額に相当する金銭債権も含まれることとされています（措通57の10－１）。

これを算式にすると次のようになります。

（法定繰入率で計算する場合）

$$
\begin{pmatrix} \text{一括評価金銭債権に係る貸倒引当金の繰入限度額} \\ \text{（中小企業等の貸倒引当金の特例）} \end{pmatrix} = \left\{ \begin{pmatrix} \text{当該事業年度終了時における一括評価金銭債権の帳簿価額} \end{pmatrix} - \begin{pmatrix} \text{その債務者から受け入れた金額があるためその全部又は一部が実質的に債権とみられないものの金額（原則法）} \end{pmatrix} \right\} \times \text{法定繰入率}
$$

　また，平成10年4月1日に存する法人は，租税特別措置法施行令33条の9第2項の規定にかかわらず，租税特別措置法57条の10《中小企業等の貸倒引当金の特例》第1項に規定する政令で定める金銭債権は当該法人の当該事業年度終了の時における法人税法57条の10《中小企業等の貸倒引当金の特例》第1項の一括評価金銭債権のすべてに掲げる金銭債権とし，同項に規定する政令で定める金額は当該法人の当該事業年度終了の時における一括評価金銭債権の額に，平成10年4月1日から平成12年3月31日までの間に開始した各事業年度終了の時における一括評価金銭債権の額の合計額のうちに当該各事業年度終了の時における租税特別措置法施行令33条の9第2項に規定する債権とみられない部分の金額の合計額の占める割合（当該割合に小数点以下3位未満の端数があるときは，これを切り捨てる）を乗じて計算した金額とすることができることとされています（措令33の9③）。

　したがって，平成10年4月1日に存在していた法人は，実質的に債権と認められないものの金額については，次の算式（いわゆる簡便法）により計算することができるとされています（措令33の9③）。

Q&A編

(算　式)

実質的に債権と認められないものの金額
＝ 当該事業年度終了時における一括評価金銭債権の額 × (平成10年4月1日から平成12年3月31日までの間に開始した各事業年度における当該債務者から受け入れた金額があるためその全部又は一部が実質的に債権とみられない金銭債権の合計額) ／ (平成10年4月1日から平成12年3月31日までの間に開始した各事業年度における一括評価金銭債権の額の合計額)

　なお，このいわゆる簡便法と各債務者ごとに金銭債権の額からその債務者から受け入れた金額を控除する方法は，継続して適用するという要件はありませんので，各事業年度ごとに選択して適用することができるものと考えられます。

　また，この租税特別措置法施行令33条の9第3項の規定は，平成10年4月1日から平成12年3月31日までの期間内に開始した各事業年度において貸倒引当金を設けていたかどうかに関係なく適用があることとされています（措通57の10－2）。

2　本事例の場合

　上記のとおり，貴社の平成23年3月期の一括評価金銭債権に係る貸倒引当金の繰入額の計算において，貴社が法定繰入率で行う場合，実質的に債権とみられない部分の金額の算定方法は，継続して適用することは要件となっていませんので平成23年3月期において，貴社は当該部分の金額の算定方法についてはいわゆる簡便法により計算することができるものと考えられます。

《関係法令等》
　措法57の10①
　措令33の9②③
　措通57の10－1
　措通57の10－2
　平22改正法附則10①

Q46 確定申告において一括評価金銭債権に係る貸倒引当金の繰入額の計算を法定繰入率で行ったが,修正申告する際に貸倒実績率で計算することは認められるか

　当社は平成５年４月１日に設立した卸売業を営む資本金5,000万円の３月決算法人です。

　平成23年３月期における当社の一括評価金銭債権に係る貸倒引当金の繰入額の算定において，当社は法定繰入率で行いましたが，実質的に債権とみられない部分の金額については，各債務者ごとの金銭債権の額からその債務者から受け入れた金額を控除して計算していました。

期末一括評価金銭債権の額の明細		金額
①	期末一括評価金銭債権の額（Ａ社）	40,000,000円
②	期末一括評価金銭債権の額（Ｂ社）	30,000,000円
③	期末一括評価金銭債権の額（Ｃ社）	20,000,000円
④	実質的に債権と認められないものの額（Ｂ社に対する買掛金）	10,000,000円
⑤	差引期末一括評価金銭債権の額 ①＋（②－④）＋③	80,000,000円

$$80,000,000 \times \frac{10}{1,000} = 800,000$$

《会計処理》

　（借）貸倒引当金繰入　800,000　　（貸）貸倒引当金　800,000

　今般，税務調査があり修正申告をすることになりましたが，その際一括評価金銭債権に係る貸倒引当金の繰入額の計算において，申告において実質的に債権と認められないものの額としてＢ社からの買掛金を控除しましたが，当社はＡ社にも期末に2,000万円の買掛金があることが判明しました。

Q&A編

　そのため，一括評価金銭債権に係る貸倒引当金の繰入額を再計算したところ，

　（4,000万円－2,000万円）＋（3,000万円－1,000万円）＋2,000万円
　　＝6,000万円

$$60,000,000 \times \frac{10}{1,000} = 600,000$$

となりました。
　ところで，貸倒実績率で計算したところ，その金額よりも多くなりました。
　当社が修正申告する際に一括評価金銭債権に係る貸倒引当金の繰入額の計算を法定繰入率から貸倒実績率で計算し直して修正申告できますか。

ANSWER

　確定申告において一括評価金銭債権に係る貸倒引当金の繰入額の計算を法定繰入率で行い，修正申告する際に貸倒実績率で計算することは認められないものと考えられます。

解説

1　中小企業等の貸倒引当金の特例

　法人（法人税法2条9号に規定する普通法人のうち各事業年度終了時において資本金の額又は出資金の額が1億円を超えるもの及び同法66条6項2号に掲げる法人に該当するもの並びに保険業法に規定する相互会社及びこれに準ずるものとして政令で定めるものを除きます）が法人税法52条2項《一括評価金銭債権に係る貸倒引当金の繰入限度額》の規定の適用を受ける場合には，同項の規定にかかわらず当該事業年度終了の時における同項に規定する一括評価金銭債権（当該法人が当該法人との間に連結完全支配関係がある連結法人に対して有する金銭債権を除きます）の帳簿価額（政令で定める金銭債権にあっては，政令で定める金額を控除した残額）の合計額に政

令で定める割合を乗じて計算した金額をもって，同項に規定する政令で定めるところにより計算した金額とすることができることとされています(措法57の10①)。

すなわち，資本金1億円以下の普通法人は，一括評価金銭債権に係る貸倒引当金の繰入額の計算について，貸倒実績率（原則法）と法定繰入率との選択適用が認められることになります。

なお，資本金の額若しくは出資金の額が5億円以上の法人又は相互会社等の100％子法人については，平成22年4月1日以後に開始する事業年度から貸倒引当金の法定繰入率は適用されないこととなりました（平22改正法附則10①）。

この政令で定める金銭債権とは，その債務者から受け入れた金額があるためその全部又は一部が実質的に債権とみられない金銭債権とし，同項に規定する政令で定める金額は，その債権とみられない部分の金額に相当する金額とされています（措令33の9②）。

ところで，本事例のように確定申告において一括評価金銭債権に係る貸倒引当金の繰入額の計算を法定繰入率で行い，修正申告する際に貸倒実績率で計算する場合の取扱いについては特に法令等の規定はありませんが，そもそも，両者の計算方式は次のように異なっています。

一括評価金銭債権に係る貸倒引当金の繰入限度額
（貸倒実績率で計算する場合）

= 当該事業年度終了時における一括評価金銭債権の帳簿価額 × 貸倒実績率（小数点以下4位未満切上げ）

一括評価金銭債権に係る貸倒引当金の繰入限度額
（法定繰入率で計算する場合）

= ｛当該事業年度終了時における一括評価金銭債権の帳簿価額（期末一括評価金銭債権の額） − その債務者から受け入れた金額があるためその全部又は一部が実質的に債権とみられないものの金額｝ × 法定繰入率

Q＆A編

　また，貸倒引当金を損金算入するための要件として確定申告書に貸倒引当金勘定に繰り入れた金額の損金算入に関する明細の記載がある場合に限り，適用することとされている（法法52③）ことからすると，確定申告において一括評価金銭債権に係る貸倒引当金の繰入額の計算を法定繰入率で行い，修正申告する際に貸倒実績率で計算することは認められないものと考えられます。

2　本事例の場合

　上記1のとおり，確定申告において一括評価金銭債権に係る貸倒引当金の繰入額の計算を法定繰入率で行い，修正申告する際に貸倒実績率で計算することは認められないものと考えられます。

《関係法令等》
　　法法52②③
　　措法57の10①
　　措令33の9②
　　平22改正法附則10①

Q47 一括評価金銭債権に係る貸倒引当金の繰入限度額を計算する場合における貸倒実績率を算定する場合において，子会社支援のために行った債権放棄損は貸倒実績率の分子に含めることができるのか

当社は製造業を営む3月決算法人です。

当社は子会社である甲社に対して貸付金5,000万円を有しています。

甲社は経営状態が悪化し債務超過に陥っています。

そのため，甲社は再建計画を立て，その一環として，当社の貸付金5,000万円を放棄することとし下記の会計処理を行いました。

なお，甲社の再建計画は合理的な再建計画となっているものとします。

《平成23年3月期》

（借）債権放棄損　50,000,000　　（貸）貸　付　金　50,000,000

平成23年3月期における当社の一括評価金銭債権に係る貸倒引当金の繰入額の算定において，当社としては当該債権放棄損について貸倒実績率の分子に含めて計算することを考えていますがこの処理でよろしいですか。

ANSWER

一括評価金銭債権に係る貸倒引当金の繰入限度額を計算する場合における貸倒実績率を算定する場合において，子会社支援のために行った債権放棄損は貸倒実績率の分子に含めることができないものと考えられます。

解説

1　一括評価金銭債権に係る貸倒引当金の繰入限度額の算定

当該事業年度終了時の一括評価金銭債権の帳簿価額に貸倒実績率を乗じて計算した金額が，一括評価金銭債権に係る貸倒引当金の繰入限度額となります

Q＆A編

（法法52②，法令96②）。

```
一括評価金銭債権に係る貸倒引当金の繰入限度額
（貸倒実績率で計算する場合）
```

= 当該事業年度終了時における一括評価金銭債権の帳簿価額 × 貸倒実績率（小数点以下4位未満切上げ）

また，貸倒実績率は次のように計算することとなります（法法52②，法令96②）。

貸倒実績率＝

$$\frac{\left\{\begin{array}{c}\text{当該事業年度開始の日前3年以内に開始した各事業年度の売掛債権等の貸倒損失の額} + \text{当該事業年度開始の日前3年以内に開始した各事業年度の個別評価分の引当金繰入額}^{(注1)} - \text{当該事業年度開始の日前3年以内に開始した各事業年度の個別評価分の引当金戻入額}^{(注2)}\text{及び合併法人等が引継ぎを受けた引当金戻入額又は期中貸倒引当金戻入額}\end{array}\right\} \times \frac{12}{\text{当該事業年度の開始の日前3年以内に開始した各事業年度の月数の合計数}}}{\text{当該事業年度の開始の日前3年以内に開始した各事業年度終了の時における一括評価金銭債権の帳簿価額の合計額} \div \text{当該事業年度の開始の日前3年以内に開始した各事業年度の事業年度数}}$$

（注1） 個別評価分の引当金繰入額は，当該各事業年度で所得の金額の計算上損金の額に算入された貸倒引当金勘定の金額及び適格分割等に係る期中貸倒引当金額の合計額をいいます。
　　　　ただし，当該金額は売掛債権等に係る金額に限ることになります。
（注2） 個別評価分の引当金戻入額は，当該各事業年度で益金の額に算入された貸倒引当金勘定の金額のうち，当該各事業年度の直前の事業年度の所得の金額の計算上損金の額に算入された個別評価により損金算入された金額の合計額をいいます。なお，当該金額は，当該各事業年度において，貸倒損失の額が生じた売掛債権等又は個別評価若しくは期中貸倒引当金の対象とされた売掛債権等に係るものに限ることになります。

なお，この算式における月数は暦に従って計算し，1月に満たない端数を生じたときは，これを1月とします（法令96③）。

ところで，貸倒実績率を計算する場合の分子の「当該事業年度開始の日前3年以内に開始した各事業年度の売掛債権等の貸倒損失の額」に，法人税基本通達9－4－1《子会社等を整理する場合の損失負担等》及び法人税基本通達9－4－2《子会社等を再建する場合の無利息貸付け等》における債権放棄損が含まれるかが問題となりますが，これらの損失は，これらの通達の要件に該当

すれば寄附金にならず，損金になるものであり，そもそも売掛債権等の貸倒れとは異なることからこの貸倒損失の額に含まれないものと考えられます。

2 本事例の場合

上記1のとおり，貸倒実績率を計算する場合のこの分子の「当該事業年度開始の日前3年以内に開始した各事業年度の売掛債権等の貸倒損失の額」には，法人税基本通達9－4－1《子会社等を整理する場合の損失負担等》及び法人税基本通達9－4－2《子会社等を再建する場合の無利息貸付け等》における債権放棄損はこれらの通達の要件に該当すれば寄附金にならず，損金になるものであり，そもそも売掛債権等の貸倒れとは異なることからこの貸倒損失の額に含まれないものと考えられます。

したがって，一括評価金銭債権に係る貸倒引当金の繰入限度額の算定において，当該債権放棄損5,000万円については貸倒実績率の分子に含めて計算することはできないものと考えられます。

《関係法令等》

　法法52②
　法令96②③
　法基通9－4－1
　法基通9－4－2

Q&A編

Q48 合併法人の一括評価金銭債権の貸倒実績率を算定する場合において，被合併法人に一括評価金銭債権や貸倒損失等がなくても被合併法人の事業年度数及び月数を含めて計算することとなるのか

　当社は製造業を営む資本金1億2,000万円の3月決算法人です。

　当社は100％子会社である甲社（小売業，資本金1,000万円，決算期12月）と平成22年12月1日に合併（適格合併）を行いました。

　平成23年3月期の合併法人である当社が貸倒引当金の貸倒実績率を計算する場合において，甲社には一括評価金銭債権や貸倒損失等がないことから被合併法人の事業年度数及び月数を含めて計算する必要がないと考えていますがそれでよろしいですか。

ANSWER

　平成23年3月期の合併法人である貴社が一括評価金銭債権に係る貸倒引当金の繰入れにおける貸倒実績率を計算する場合には，甲社に一括評価金銭債権や貸倒損失等がなくても被合併法人の事業年度数及び月数を含めて計算することとなります。

解説

1　適格合併等における一括評価金銭債権に係る貸倒引当金の引継ぎ

　内国法人が，適格合併を行った場合には，被合併法人が当該適格合併の日の前日の属する事業年度の所得の金額の計算上損金の額に算入した一括評価金銭債権に係る貸倒引当金勘定の金額について合併法人に引き継ぐこととされています（法法52⑧）。

2 適格合併があった場合における合併法人の一括評価金銭債権に係る貸倒引当金の繰入限度額の算定

(1) 一括評価金銭債権に係る貸倒引当金の繰入限度額の算定

当該事業年度終了時の一括評価金銭債権の帳簿価額に貸倒実績率を乗じて計算した金額が，一括評価金銭債権に係る貸倒引当金の繰入限度額となります（法法52②，法令96②）。

$$
\begin{array}{c}
\text{一括評価金銭債権に係る貸倒引当金の繰入限度額} \\
\text{（貸倒実績率で計算する場合）}
\end{array}
= \text{当該事業年度終了時における一括評価金銭債権の帳簿価額} \times \text{貸倒実績率}
$$

また，貸倒実績率は次のように計算することとなります（法法52②，法令96②）。

貸倒実績率＝

$$
\frac{\left\{\begin{array}{c}\text{当該事業年度}\\\text{開始の日前3}\\\text{年以内に開始}\\\text{した各事業年}\\\text{度の売掛債権}\\\text{等の貸倒損失}\\\text{の額}\end{array}+\begin{array}{c}\text{当該事業年度}\\\text{開始の日前3}\\\text{年以内に開始}\\\text{した各事業年}\\\text{度の個別評価}\\\text{分の引当金繰}\\\text{入額}^{(注1)}\end{array}-\begin{array}{c}\text{当該事業年度開始の日}\\\text{前3年以内に開始した}\\\text{各事業年度の個別評価}\\\text{分の引当金戻入額}^{(注2)}\\\text{及び合併法人等が引継}\\\text{ぎを受けた引当金戻入}\\\text{額又は期中貸倒引当金}\\\text{戻入額}\end{array}\right\}}{\begin{array}{c}\text{当該事業年度の開始の日前3年以内に}\\\text{開始した各事業年度終了の時における}\\\text{一括評価金銭債権の帳簿価額の合計額}\end{array}} \times \frac{12}{\begin{array}{c}\text{当該事業年度の開始}\\\text{の日前3年以内に開}\\\text{始した各事業年度の}\\\text{月数の合計数}\end{array}}
$$

÷ 当該事業年度の開始の日前3年以内に開始した各事業年度の事業年度数

(注1) 個別評価分の引当金繰入額は，当該各事業年度で所得の金額の計算上損金の額に算入された貸倒引当金勘定の金額及び適格分割等に係る期中貸倒引当金額の合計額をいいます。

　　　ただし，当該金額は売掛債権等に係る金額に限ることになります。

(注2) 個別評価分の引当金戻入額は，当該各事業年度で益金の額に算入された貸倒引当金勘定の金額のうち，当該各事業年度の直前の事業年度の所得の金額の計算上損金の額に算入された個別評価により損金算入された金額の合計額をいいます。なお，当該金額は，当該各事業年度において，貸倒損失の額が生じた売掛債権等又は個別評価若しくは期中貸倒引当金の対象とされた売掛債権等に係るものに限ることになります。

なお，この算式における月数は暦に従って計算し，1月に満たない端数を生じたときは，これを1月とします（法令96③）。

Q＆A編

(2) 合併法人が適格合併を行った場合の一括評価金銭債権に係る貸倒引当金の繰入限度額の算定

そこで，上記の貸倒実績率の算定において，合併法人が適格合併を行った場合に「当該事業年度開始の日前3年以内に開始した各事業年度」に被合併法人に係る事業年度を含めるかが問題となります。

この点については，「当該事業年度開始の日前3年以内に開始した各事業年度」には，当該内国法人が適格合併に係る合併法人である場合には当該内国法人の当該事業年度開始の日前3年以内に開始した当該適格合併に係る被合併法人の各事業年度を含むこととされています（法令96②）。

したがって，適格合併を行った合併法人が貸倒実績率を計算するときには，仮に，被合併法人の一括評価金銭債権や貸倒損失等の金額がない場合でも被合併法人の各事業年度数や月数を含めて計算することとなります。

3 本事例の場合

上記2のとおり，「当該事業年度開始の日前3年以内に開始した各事業年度」には，当該内国法人が適格合併に係る合併法人である場合には当該内国法人の当該事業年度開始の日前3年以内に開始した当該適格合併に係る被合併法人の各事業年度を含むこととされています（法令96②）ので，貸倒実績率を計算する場合には，仮に，被合併法人の一括評価金銭債権や貸倒損失等の金額がない場合でも被合併法人の各事業年度数や月数を含めて計算することとなります。

《関係法令等》
　法法52②⑧
　法令96②③

Q49 新設法人には一括評価金銭債権に係る貸倒引当金の繰入限度額の計算において貸倒実績率が適用できないのか

　当社は平成22年4月1日に設立した製造業を営む資本金3,000万円の3月決算法人です。

　平成23年3月期において，当社は一括評価金銭債権に係る貸倒引当金の繰入限度額の計算において，貸倒実績率は「当該事業年度開始の日前3年以内に開始した各事業年度」の貸倒れなどを基に計算することから，当社の場合には設立4期目からでないと適用できないため当期は法定繰入率を適用することとなりますか。

（当社の事業年度等）

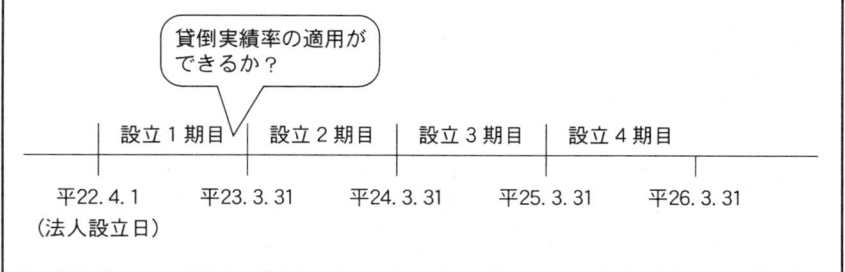

```
                 貸倒実績率の適用が
                 できるか？

        │ 設立1期目 │ 設立2期目 │ 設立3期目 │ 設立4期目 │
────────┼──────────┼──────────┼──────────┼──────────┼
    平22.4.1    平23.3.31   平24.3.31   平25.3.31   平26.3.31
  （法人設立日）
```

ANSWER

　貴社の場合には，設立1期目の平成23年3月期から一括評価金銭債権に係る貸倒引当金の繰入限度額の計算において貸倒実績率が適用できます。

　この場合の貸倒実績率は，設立1期目の事業年度である平成23年3月期の貸倒損失の額や一括評価金銭債権の帳簿価額の合計額等を基に計算することとなります。

Q&A編

解説

1 一括評価金銭債権に係る貸倒引当金の繰入限度額の算定

当該事業年度終了時の一括評価金銭債権の帳簿価額に貸倒実績率を乗じて計算した金額が、一括評価金銭債権に係る貸倒引当金の繰入限度額となります（法法52②，法令96②）。

$$
\begin{array}{c}
\text{一括評価金銭債権に係る貸倒引当金の繰入限度額} \\
\text{（貸倒実績率で計算する場合）}
\end{array} = \begin{array}{c}\text{当該事業年度終了時における}\\\text{一括評価金銭債権の帳簿価額}\end{array} \times \text{貸倒実績率}
$$

また、貸倒実績率は次のように計算することとなります（法法52②，法令96②）。

貸倒実績率＝

$$
\frac{\left(\begin{array}{c}\text{当該事業年度}\\\text{開始の日前3}\\\text{年以内に開始}\\\text{した各事業年}\\\text{度の売掛債権}\\\text{等の貸倒損失}\\\text{の額}\end{array}\right) + \left(\begin{array}{c}\text{当該事業年度}\\\text{開始の前3年}\\\text{以内に開始し}\\\text{た各事業年度}\\\text{の個別評価分}\\\text{の引当金繰入}\\\text{額（注1）}\end{array}\right) - \left(\begin{array}{c}\text{当該事業年度開始の日}\\\text{前3年以内に開始した}\\\text{各事業年度の個別評価}\\\text{分の引当金戻入額（注2）}\\\text{及び合併法人等が引継}\\\text{ぎを受けた引当金戻入}\\\text{額又は期中貸倒引当金}\\\text{戻入額}\end{array}\right)}{\begin{array}{c}\text{当該事業年度の開始の日前3年以内に}\\\text{開始した各事業年度終了の時における}\\\text{一括評価金銭債権の帳簿価額の合計額}\end{array} \div \begin{array}{c}\text{当該事業年度の開始の日前}\\\text{3年以内に開始した各事業}\\\text{年度の事業年度数}\end{array}} \times \frac{12}{\begin{array}{c}\text{当該事業年度の開始}\\\text{の日前3年以内に開}\\\text{始した各事業年度の}\\\text{月数の合計数}\end{array}}
$$

（注1） 個別評価分の引当金繰入額は、当該各事業年度で所得の金額の計算上損金の額に算入された貸倒引当金勘定の金額及び適格分割等に係る期中貸倒引当金額の合計額をいいます。
　　　　ただし、当該金額は売掛債権等に係る金額に限ることになります。
（注2） 個別評価分の引当金戻入額は、当該各事業年度で益金の額に算入された貸倒引当金勘定の金額のうち、当該各事業年度の直前の事業年度の所得の金額の計算上損金の額に算入された個別評価により損金算入された金額の合計額をいいます。なお、当該金額は、当該各事業年度において、貸倒損失の額が生じた売掛債権等又は個別評価若しくは期中貸倒引当金の対象とされた売掛債権等に係るものに限ることになります。

なお、この算式における月数は暦に従って計算し、1月に満たない端数を生じたときは、これを1月とします（法令96③）。

2 新設法人における一括評価金銭債権に係る貸倒引当金の繰入限度額の算定

　そこで，貸倒実績率は，「当該事業年度開始の日前3年以内に開始した各事業年度」の貸倒損失，事業年度数，月数等を基に計算することから，設立4年目からでないと適用できないのではないかという問題があります。

　この点について，当該内国法人が新たに設立された内国法人である場合の「当該内国法人の当該事業年度開始の日前3年以内に開始した各事業年度」とは，その設立の日の属する事業年度を当該事業年度とすることとされています（法令96②一イ）。

　したがって，貴社のような設立1期目の法人については，設立1期目の平成23年3月期から一括評価金銭債権に係る貸倒引当金の繰入限度額の計算において貸倒実績率が適用できるものと考えられます。

　この場合の貸倒実績率は，設立1期目の事業年度である平成23年3月期の貸倒損失の額や一括評価金銭債権の帳簿価額の合計額等を基に計算することとなります。

3 本事例の場合

　上記2のとおり，当該内国法人が新たに設立された内国法人である場合の「当該内国法人の前3年以内に開始した事業年度」とは，その設立の日の属する事業年度を当該事業年度とすることとされています（法令96②一イ）。

　したがって，貴社のような設立1期目の法人については，設立1期目の平成23年3月期から一括評価金銭債権に係る貸倒引当金の繰入限度額の計算において貸倒実績率が適用できます。

　この場合の貸倒実績率は，設立1期目の事業年度である平成23年3月期の貸倒損失の額や一括評価金銭債権の帳簿価額の合計額等を基に計算することとなります。

《関係法令等》

　法法52②

Q＆A編

法令96②一イ，③

Q50 一括評価金銭債権の帳簿価額から控除する「実質的に債権とみられないもの」の金額として抵当権が設定されている担保物からの取立て等の見込額を控除する必要があるか

当社は卸売業を営む資本金3,000万円の3月決算法人です。

当社は得意先である甲社に対して貸付金5,000万円を有しています。

当社は甲社から当該貸付金について担保として甲社所有の土地（処分見込価額4,000万円）について抵当権4,000万円を設定（第一順位）しています。

平成23年3月期における一括評価金銭債権に係る貸倒引当金の繰入額の算定において、下記のように当社としては甲社に対する貸付金5,000万円から甲社所有の土地に設定している抵当権4,000万円を控除した残額1,000万円について法定繰入率1,000分の10を適用した10万円を貸倒引当金として繰り入れることにしようと考えていますがこれでよろしいですか。

> 一括評価金銭債権に係る貸倒引当金の繰入額の計算（法定繰入率）において抵当権を設定している甲社所有の土地からの取立て等の見込額を控除すべきか？

（算式）

$$(50,000,000円 - 40,000,000円) \times \frac{10}{1,000} = 100,000円$$

《平成23年3月期》

（借）貸倒引当金繰入　100,000　（貸）貸倒引当金　100,000

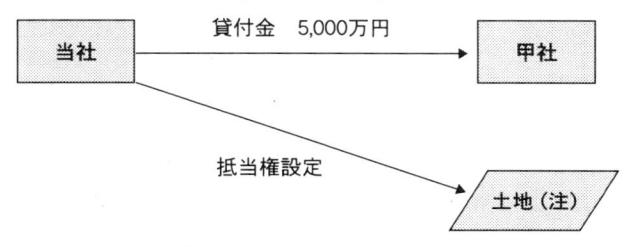

当社　――貸付金　5,000万円――→　甲社

当社　――抵当権設定――→　土地（注）

（注）　土地の処分見込価額　　40,000,000円
　　　　当社の抵当権設定　　　40,000,000円

Q&A編

> **ANSWER**
>
> 貴社の一括評価金銭債権に係る貸倒引当金の繰入額の算定において、甲社に対する貸付金5,000万円から貴社が甲社所有の土地に設定している抵当権4,000万円を控除する必要はないものと考えられます。

解説

1 中小企業等の貸倒引当金の特例

　法人（法人税法2条9号に規定する普通法人のうち各事業年度終了時において資本金の額又は出資金の額が1億円を超えるもの及び同法66条6項2号に掲げる法人に該当するもの並びに保険業法に規定する相互会社及びこれに準ずるものとして政令で定めるものを除きます）が法人税法52条2項の規定の適用を受ける場合には、同項の規定にかかわらず、当該事業年度終了の時における同項に規定する一括評価金銭債権（当該法人が当該法人との間に連結完全支配関係がある連結法人に対して有する金銭債権を除きます）の帳簿価額（政令で定める金銭債権にあっては、政令で定める金額を控除した残額）の合計額に政令で定める割合を乗じて計算した金額をもって、同項に規定する政令で定めるところにより計算した金額とすることができることとされています（措法57の10①）。

　すなわち、資本金1億円以下の普通法人は、一括評価金銭債権に係る貸倒引当金の繰入額の計算について、貸倒実績率（原則法）と法定繰入率との選択適用が認められることになります。

　なお、資本金の額若しくは出資金の額が5億円以上の法人又は相互会社等の100％子法人については、平成22年4月1日以後に開始する事業年度から貸倒引当金の法定繰入率は適用されないこととなりました（平22改正法附則10①）。

　そして、租税特別措置法57条の10第1項に規定する政令で定める金銭債権には、その債務者から受け入れた金額があるためその全部又は一部が実質的に債権とみられない金銭債権とし、同項に規定する政令で定める金額は、その債権

とみられない部分の金額に相当する金額とされています（措令33の９②）。

一括評価金銭債権に係る貸倒引当金の繰入限度額
（法定繰入率で計算する場合）

= ｛ 当該事業年度終了時における一括評価金銭債権の帳簿価額 － その債務者から受け入れた金額があるためその全部又は一部が実質的に債権とみられない金銭債権 ｝ × 法定繰入率

なお，この租税特別措置法施行令33条の９第２項に規定する「その債務者から受け入れた金額があるためその全部又は一部が実質的に債権とみられない金銭債権」には，債務者から受け入れた金額がその債務者に対し有する金銭債権と相殺適状にあるものだけでなく，金銭債権と相殺的な性格をもつもの及びその債務者と相互に融資しているもの等である場合のその債務者から受け入れた金額に相当する金銭債権も含まれるのであるから，次に掲げるような金額はこれに該当することとされています（措通57の10－１）。

(1) 同一人に対する売掛金又は受取手形と買掛金又は支払手形がある場合のその売掛金又は受取手形の金額のうち買掛金又は支払手形の金額に相当する金額

(2) 同一人に対する売掛金又は受取手形と買掛金がある場合において，当該買掛金の支払のために他から取得した受取手形を裏書譲渡したときのその売掛金又は受取手形の金額のうち当該裏書譲渡した手形（支払期日の到来していないものに限ります）の金額に相当する金額

(3) 同一人に対する売掛金とその者から受け入れた営業に係る保証金がある場合のその売掛金の額のうち保証金の額に相当する金額

(4) 同一人に対する売掛金とその者から受け入れた借入金がある場合のその売掛金の額のうち借入金の額に相当する金額

(5) 同一人に対する完成工事の未収金とその者から受け入れた未成工事に対する受入金がある場合のその未収金の額のうち受入金の額に相当する金額

(6) 同一人に対する貸付金と買掛金がある場合のその貸付金の額のうち買掛

Q&A編

金の額に相当する金額
(7) 使用人に対する貸付金とその使用人から受け入れた預り金がある場合のその貸付金の額のうち預り金の額に相当する金額
(8) 専ら融資を受ける手段として他から受取手形を取得し、その見合いとして借入金を計上した場合又は支払手形を振り出した場合のその受取手形の金額のうち借入金又は支払手形の金額に相当する金額
(9) 同一人に対する未収地代家賃とその者から受け入れた敷金がある場合のその未収地代家賃の額のうち敷金の額に相当する金額

したがって、貴社が甲社に対して有する貸付金について甲社所有の土地に抵当権を設定していることは、上記通達の(1)から(9)に該当しないことになります。

2 本事例の場合

貴社が甲社に対する貸付金5,000万円について甲社所有の土地に抵当権を設定していますが、これは上記1の租税特別措置法関係通達57の10－1の(1)から(9)には該当していないことから一括評価金銭債権に係る貸倒引当金の対象となる金銭債権から控除する必要はないものと考えられます。

《関係法令等》

法法52①

措法57の10①

措令33の9②

措通57の10－1

平22改正法附則10①

資料編

関係法令（抄）

関係法令（抄）

法人税法

（昭和40年3月31日法律第34号）
（最終改正：平成22年3月31日法律第6号）

（資産の評価損の損金不算入等）
第33条 内国法人がその有する資産の評価換えをしてその帳簿価額を減額した場合には，その減額した部分の金額は，その内国法人の各事業年度の所得の金額の計算上，損金の額に算入しない。
2 内国法人の有する資産につき，災害による著しい損傷により当該資産の価額がその帳簿価額を下回ることとなつたことその他の政令で定める事実が生じた場合において，その内国法人が当該資産の評価換えをして損金経理によりその帳簿価額を減額したときは，その減額した部分の金額のうち，その評価換えの直前の当該資産の帳簿価額とその評価換えをした日の属する事業年度終了の時における当該資産の価額との差額に達するまでの金額は，前項の規定にかかわらず，その評価換えをした日の属する事業年度の所得の金額の計算上，損金の額に算入する。

（寄附金の損金不算入）
第37条
7 前各項に規定する寄附金の額は，寄附金，拠出金，見舞金その他いずれの名義をもつてするかを問わず，内国法人が金銭その他の資産又は経済的な利益の贈与又は無償の供与（広告宣伝及び見本品の費用その他これらに類する費用並びに交際費，接待費及び福利厚生費とされるべきものを除く。次項において同じ。）をした場合における当該金銭の額若しくは金銭以外の資産のその贈与の時における価額又は当該経済的な利益のその供与の時における価額によるものとする。
8 内国法人が資産の譲渡又は経済的な利益の供与をした場合において，その譲渡又は供与の対価の額が当該資産のその譲渡の時における価額又は当該経済的な利益のその供与の時における価額に比して低いときは，当該対価の額と当該価額との差額のうち実質的に贈与又は無償の供与をしたと認められる金額は，前項の寄附金の額に含まれるものとする。

資 料 編

(貸倒引当金)

第52条 内国法人が,更生計画認可の決定に基づいてその有する金銭債権の弁済を猶予され,又は賦払により弁済される場合その他の政令で定める場合において,その一部につき貸倒れその他これに類する事由による損失が見込まれる金銭債権(当該金銭債権に係る債務者に対する他の金銭債権がある場合には,当該他の金銭債権を含む。以下この条において「個別評価金銭債権」という。)のその損失の見込額として,各事業年度(被合併法人の適格合併に該当しない合併の日の前日の属する事業年度及び残余財産の確定(その残余財産の分配が適格現物分配に該当しないものに限る。次項において同じ。)の日の属する事業年度を除く。)において損金経理により貸倒引当金勘定に繰り入れた金額については,当該繰り入れた金額のうち,当該事業年度終了の時において当該個別評価金銭債権の取立て又は弁済の見込みがないと認められる部分の金額を基礎として政令で定めるところにより計算した金額(第5項において「個別貸倒引当金繰入限度額」という。)に達するまでの金額は,当該事業年度の所得の金額の計算上,損金の額に算入する。

2　内国法人が,その有する売掛金,貸付金その他これらに準ずる金銭債権(個別評価金銭債権を除く。以下この条において「一括評価金銭債権」という。)の貸倒れによる損失の見込額として,各事業年度(被合併法人の適格合併に該当しない合併の日の前日の属する事業年度及び残余財産の確定の日の属する事業年度を除く。)において損金経理により貸倒引当金勘定に繰り入れた金額については,当該繰り入れた金額のうち,当該事業年度終了の時において有する一括評価金銭債権の額及び最近における売掛金,貸付金その他これらに準ずる金銭債権の貸倒れによる損失の額を基礎として政令で定めるところにより計算した金額(第6項において「一括貸倒引当金繰入限度額」という。)に達するまでの金額は,当該事業年度の所得の金額の計算上,損金の額に算入する。

3　前2項の規定は,確定申告書にこれらの規定に規定する貸倒引当金勘定に繰り入れた金額の損金算入に関する明細の記載がある場合に限り,適用する。

4　税務署長は,前項の記載がない確定申告書の提出があつた場合においても,その記載がなかつたことについてやむを得ない事情があると認めるときは,第1項及び第2項の規定を適用することができる。

5　内国法人が,適格分割,適格現物出資又は適格現物分配(適格現物分配にあつては,残余財産の全部の分配を除く。以下この条において「適格分割等」という。)により分割承継法人,被現物出資法人又は被現物分配法人に個別評価金銭債権を移転する場合において,当該個別評価金銭債権について第1項の貸倒引当金勘定に相当するもの(以下この条において「期中個別貸倒引当金勘定」という。)を設けたときは,その設けた期中個別貸倒引当金勘定の金額に相当する金額のうち,当該個別評価金銭債権につき当該

適格分割等の直前の時を事業年度終了の時とした場合に同項の規定により計算される個別貸倒引当金繰入限度額に相当する金額に達するまでの金額は、当該適格分割等の日の属する事業年度の所得の金額の計算上、損金の額に算入する。

6 　内国法人が、適格分割等により分割承継法人、被現物出資法人又は被現物分配法人に一括評価金銭債権を移転する場合において、当該一括評価金銭債権について第2項の貸倒引当金勘定に相当するもの（以下この条において「期中一括貸倒引当金勘定」という。）を設けたときは、その設けた期中一括貸倒引当金勘定の金額に相当する金額のうち、当該一括評価金銭債権につき当該適格分割等の直前の時を事業年度終了の時とした場合に同項の規定により計算される一括貸倒引当金繰入限度額に相当する金額に達するまでの金額は、当該適格分割等の日の属する事業年度の所得の金額の計算上、損金の額に算入する。

7 　前2項の規定は、これらの規定に規定する内国法人が適格分割等の日以後2月以内に期中個別貸倒引当金勘定の金額又は期中一括貸倒引当金勘定の金額に相当する金額その他の財務省令で定める事項を記載した書類を納税地の所轄税務署長に提出した場合に限り、適用する。

8 　内国法人が、適格合併、適格分割、適格現物出資又は適格現物分配（以下この項及び第11項において「適格組織再編成」という。）を行つた場合には、次の各号に掲げる適格組織再編成の区分に応じ、当該各号に定める貸倒引当金勘定の金額又は期中個別貸倒引当金勘定の金額若しくは期中一括貸倒引当金勘定の金額は、当該適格組織再編成に係る合併法人、分割承継法人、被現物出資法人又は被現物分配法人（第11項において「合併法人等」という。）に引き継ぐものとする。

一　適格合併又は適格現物分配（残余財産の全部の分配に限る。）　第1項又は第2項の規定により当該適格合併の日の前日又は当該残余財産の確定の日の属する事業年度の所得の金額の計算上損金の額に算入されたこれらの規定に規定する貸倒引当金勘定の金額

二　適格分割等　第5項又は第6項の規定により当該適格分割等の日の属する事業年度の所得の金額の計算上損金の額に算入された期中個別貸倒引当金勘定の金額又は期中一括貸倒引当金勘定の金額

9 　第1項、第2項、第5項及び第6項の規定の適用については、個別評価金銭債権及び一括評価金銭債権には、内国法人が当該内国法人との間に連結完全支配関係がある連結法人に対して有する金銭債権を含まないものとする。

10 　第1項又は第2項の規定により各事業年度の所得の金額の計算上損金の額に算入されたこれらの規定に規定する貸倒引当金勘定の金額は、当該事業年度の翌事業年度の所得の金額の計算上、益金の額に算入する。

資料編

11　第8項の規定により合併法人等が引継ぎを受けた貸倒引当金勘定の金額又は期中個別貸倒引当金勘定の金額若しくは期中一括貸倒引当金勘定の金額は，当該合併法人等の適格組織再編成の日の属する事業年度の所得の金額の計算上，益金の額に算入する。

12　第10条の3第1項（課税所得の範囲の変更等の場合のこの法律の適用）に規定する特定普通法人が公益法人等に該当することとなる場合の当該特定普通法人のその該当することとなる日の前日の属する事業年度については，第1項及び第2項の規定は，適用しない。

13　第3項，第4項及び第7項に定めるもののほか，第1項，第2項，第5項，第6項及び第8項から前項までの規定の適用に関し必要な事項は，政令で定める。

（工事の請負に係る収益及び費用の帰属事業年度）

第64条　内国法人が，長期大規模工事（工事（製造及びソフトウエアの開発を含む。以下この条において同じ。）のうち，その着手の日から当該工事に係る契約において定められている目的物の引渡しの期日までの期間が1年以上であること，政令で定める大規模な工事であることその他政令で定める要件に該当するものをいう。以下この条において同じ。）の請負をしたときは，その着手の日の属する事業年度からその目的物の引渡しの日の属する事業年度の前事業年度までの各事業年度の所得の金額の計算上，その長期大規模工事の請負に係る収益の額及び費用の額のうち，当該各事業年度の収益の額及び費用の額として政令で定める工事進行基準の方法により計算した金額を，益金の額及び損金の額に算入する。

2　内国法人が，工事（その着手の日の属する事業年度（以下この項において「着工事業年度」という。）中にその目的物の引渡しが行われないものに限るものとし，長期大規模工事に該当するものを除く。以下この条において同じ。）の請負をした場合において，その工事の請負に係る収益の額及び費用の額につき，着工事業年度からその工事の目的物の引渡しの日の属する事業年度の前事業年度までの各事業年度の確定した決算において政令で定める工事進行基準の方法により経理したときは，その経理した収益の額及び費用の額は，当該各事業年度の所得の金額の計算上，益金の額及び損金の額に算入する。ただし，その工事の請負に係る収益の額及び費用の額につき，着工事業年度後のいずれかの事業年度の確定した決算において当該工事進行基準の方法により経理しなかつた場合には，その経理しなかつた決算に係る事業年度の翌事業年度以後の事業年度については，この限りでない。

3　適格合併，適格分割又は適格現物出資が行われた場合における長期大規模工事又は工事の請負に係る収益の額及び費用の額の処理の特例その他前2項の規定の適用に関し必要な事項は，政令で定める。

関係法令（抄）

法人税法施行令

$$\begin{pmatrix} 昭和40年3月31日政令第97号 \\ 最終改正：平成22年9月10日政令第196号 \end{pmatrix}$$

（貸倒引当金勘定への繰入限度額）

第96条　法第52条第1項（貸倒引当金）に規定する政令で定める場合は，次の各号に掲げる場合とし，同項に規定する政令で定めるところにより計算した金額は，当該各号に掲げる場合の区分に応じ当該各号に定める金額とする。

一　法第52条第1項の内国法人が当該事業年度終了の時において有する個別評価金銭債権（同項に規定する個別評価金銭債権をいい，当該内国法人との間に連結完全支配関係がある連結法人に対して有する金銭債権を除く。以下この項において同じ。）につき，当該個別評価金銭債権に係る債務者について生じた次に掲げる事由に基づいてその弁済を猶予され，又は賦払により弁済される場合　当該個別評価金銭債権の額のうち当該事由が生じた日の属する事業年度終了の日の翌日から5年を経過する日までに弁済されることとなつている金額以外の金額（担保権の実行その他によりその取立て又は弁済（以下この項において「取立て等」という。）の見込みがあると認められる部分の金額を除く。）

　イ　更生計画認可の決定
　ロ　再生計画認可の決定
　ハ　特別清算に係る協定の認可の決定
　ニ　イからハまでに掲げる事由に準ずるものとして財務省令で定める事由

二　当該内国法人が当該事業年度終了の時において有する個別評価金銭債権に係る債務者につき，債務超過の状態が相当期間継続し，かつ，その営む事業に好転の見通しがないこと，災害，経済事情の急変等により多大な損害が生じたことその他の事由が生じていることにより，当該個別評価金銭債権の一部の金額につきその取立て等の見込みがないと認められる場合（前号に掲げる場合を除く。）　当該一部の金額に相当する金額

三　当該内国法人が当該事業年度終了の時において有する個別評価金銭債権に係る債務者につき次に掲げる事由が生じている場合（第1号に掲げる場合及び前号に定める金額を法第52条第1項に規定する個別貸倒引当金繰入限度額として同項の規定の適用を受けた場合を除く。）　当該個別評価金銭債権の額（当該個別評価金銭債権の額のうち，当該債務者から受け入れた金額があるため実質的に債権とみられない部分の金額及び担保権の実行，金融機関又は保証機関による保証債務の履行その他により取立て等の

資料編

見込みがあると認められる部分の金額を除く。）の100分の50に相当する金額
　　イ　更生手続開始の申立て
　　ロ　再生手続開始の申立て
　　ハ　破産手続開始の申立て
　　ニ　特別清算開始の申立て
　　ホ　イからニまでに掲げる事由に準ずるものとして財務省令で定める事由
　四　当該内国法人が当該事業年度終了の時において有する外国の政府，中央銀行又は地方公共団体に対する個別評価金銭債権につき，これらの者の長期にわたる債務の履行遅滞によりその経済的な価値が著しく減少し，かつ，その弁済を受けることが著しく困難であると認められる事由が生じている場合　当該個別評価金銭債権の額（当該個別評価金銭債権の額のうち，これらの者から受け入れた金額があるため実質的に債権とみられない部分の金額及び保証債務の履行その他により取立て等の見込みがあると認められる部分の金額を除く。）の100分の50に相当する金額
2　法第52条第2項に規定する政令で定めるところにより計算した金額は，同項の内国法人の当該事業年度終了の時において有する一括評価金銭債権（同項に規定する一括評価金銭債権をいい，当該内国法人との間に連結完全支配関係がある連結法人に対して有する金銭債権を除く。以下この項において同じ。）の帳簿価額の合計額に貸倒実績率（第1号に掲げる金額のうちに第2号に掲げる金額の占める割合（当該割合に小数点以下4位未満の端数があるときは，これを切り上げる。）をいう。）を乗じて計算した金額とする。
　一　当該内国法人の前3年内事業年度（当該事業年度開始の日前3年以内に開始した各事業年度又は各連結事業年度をいい，当該内国法人が適格合併に係る合併法人である場合には当該内国法人の当該事業年度開始の日前3年以内に開始した当該適格合併に係る被合併法人の各事業年度又は各連結事業年度を含むものとし，当該事業年度が次に掲げる当該内国法人の区分に応じそれぞれ次に定める日の属する事業年度である場合には当該事業年度とし，ロ又はハに定める日の属する事業年度前の各事業年度を除く。以下この項において同じ。）終了の時における一括評価金銭債権の帳簿価額の合計額を当該前3年内事業年度における事業年度及び連結事業年度の数で除して計算した金額
　　イ　新たに設立された内国法人（適格合併（被合併法人のすべてが収益事業を行つていない公益法人等であるものを除く。）により設立されたもの並びに公益法人等及び人格のない社団等を除く。）　設立の日
　　ロ　内国法人である公益法人等及び人格のない社団等　新たに収益事業を開始した日
　　ハ　公益法人等（収益事業を行つていないものに限る。）に該当していた普通法人又

関係法令（抄）

　　は協同組合等　当該普通法人又は協同組合等に該当することとなつた日
二　当該内国法人のイからハまでに掲げる金額の合計額からニからトまでに掲げる金額の合計額を控除した残額に12を乗じてこれを前3年内事業年度における事業年度及び連結事業年度の月数の合計数で除して計算した金額
　イ　前3年内事業年度において売掛金，貸付金その他これらに準ずる金銭債権（当該内国法人との間に連結完全支配関係がある連結法人に対するものを除く。以下この号において「売掛債権等」という。）の貸倒れにより生じた損失の額の合計額
　ロ　前3年内事業年度において法第52条第1項及び第5項の規定により各事業年度の所得の金額の計算上損金の額に算入された貸倒引当金勘定の金額（ニ及びヘにおいて「個別評価貸倒引当金額」という。）及び同項に規定する期中個別貸倒引当金勘定の金額（ヘにおいて「期中個別貸倒引当金額」という。）の合計額（売掛債権等以外の金銭債権に係る金額を除く。）
　ハ　前3年内事業年度において法第81条の3第1項（個別益金額又は個別損金額の益金又は損金算入）の規定により各連結事業年度の連結所得の金額の計算上損金の額に算入された同項に規定する個別損金額（以下この号において「個別損金額」という。）のうち連結個別評価貸倒引当金額（個別損金額を計算する場合の法第52条第1項に規定する貸倒引当金勘定の金額をいう。ホ及びトにおいて同じ。）に係る部分の金額及び連結期中個別貸倒引当金額（個別損金額を計算する場合の法第52条第5項に規定する期中個別貸倒引当金勘定の金額をいう。トにおいて同じ。）に係る部分の金額の合計額（売掛債権等以外の金銭債権に係る金額を除く。）
　ニ　前3年内事業年度において各事業年度の所得の金額又は各連結事業年度の連結所得の金額の計算上益金の額に算入された貸倒引当金勘定の金額（ヘに掲げる金額を除く。）のうち，当該各事業年度又は各連結事業年度の直前の事業年度の所得の金額の計算上損金の額に算入された個別評価貸倒引当金額の合計額（当該各事業年度においてイに規定する損失の額が生じた売掛債権等又は法第52条第1項若しくは第5項の規定の適用を受ける売掛債権等に係るもの及び当該各連結事業年度においてイに規定する損失の額が生じた売掛債権等又は個別損金額を計算する場合の同条第1項若しくは第5項に規定する個別評価金銭債権（売掛債権等に限る。以下この号において同じ。）に係るものに限る。）
　ホ　前3年内事業年度において各事業年度の所得の金額又は各連結事業年度の連結所得の金額の計算上益金の額に算入された貸倒引当金勘定の金額（トに掲げる金額を除く。）のうち，当該各事業年度又は各連結事業年度の直前の連結事業年度の連結所得の金額の計算上損金の額に算入された個別損金額のうち連結個別評価貸倒引当金額に係る部分の金額の合計額（当該各事業年度においてイに規定する損失の額が

資 料 編

生じた売掛債権等又は法第52条第1項若しくは第5項の規定の適用を受ける売掛債権等に係るもの及び当該各連結事業年度においてイに規定する損失の額が生じた売掛債権等又は個別損金額を計算する場合の同条第1項若しくは第5項に規定する個別評価金銭債権に係るものに限る。)

- ヘ 前3年内事業年度において法第52条第8項の規定により引継ぎを受けて各事業年度の所得の金額又は各連結事業年度の連結所得の金額の計算上益金の額に算入された貸倒引当金勘定の金額(適格合併に係る被合併法人又は適格現物分配(残余財産の全部の分配に限る。)に係る現物分配法人の当該適格合併の日の前日又は当該残余財産の確定の日の属する事業年度の所得の金額の計算上損金の額に算入された個別評価貸倒引当金額に限る。)及び期中個別貸倒引当金額の合計額(当該各事業年度においてイに規定する損失の額が生じた売掛債権等又は同条第1項若しくは第5項の規定の適用を受ける売掛債権等に係るもの及び当該各連結事業年度においてイに規定する損失の額が生じた売掛債権等又は個別損金額を計算する場合の同条第1項若しくは第5項に規定する個別評価金銭債権に係るものに限る。)
- ト 前3年内事業年度において法第81条の3第1項に規定する個別益金額を計算する場合の法第52条第8項の規定により引継ぎを受けて各事業年度の所得の金額又は各連結事業年度の連結所得の金額の計算上益金の額に算入された貸倒引当金勘定の金額(適格合併に係る被合併法人又は適格現物分配(残余財産の全部の分配に限る。)に係る現物分配法人の当該適格合併の日の前日又は当該残余財産の確定の日の属する連結事業年度の連結所得の金額の計算上損金の額に算入された個別損金額のうち連結個別評価貸倒引当金額に係る部分の金額に限る。)及び連結期中個別貸倒引当金額の合計額(当該各事業年度においてイに規定する損失の額が生じた売掛債権等又は同条第1項若しくは第5項の規定の適用を受ける売掛債権等に係るもの及び当該各連結事業年度においてイに規定する損失の額が生じた売掛債権等又は個別損金額を計算する場合の同条第1項若しくは第5項に規定する個別評価金銭債権に係るものに限る。)

3 前項の月数は,暦に従つて計算し,1月に満たない端数を生じたときは,これを1月とする。

4 内国法人の有する金銭債権について第1項各号に規定する事由が生じている場合においても,当該事由が生じていることを証する書類その他の財務省令で定める書類の保存がされていないときは,当該金銭債権に係る同項の規定の適用については,当該事由は,生じていないものとみなす。

5 税務署長は,前項の書類の保存がない場合においても,その書類の保存がなかつたことについてやむを得ない事情があると認めるときは,その書類の保存がなかつた金銭債

関係法令（抄）

権に係る金額につき同項の規定を適用しないことができる。

（工事進行基準の方法による未収入金）
第130条 内国法人の請負をした工事につきその着手の日からその目的物の引渡しの日の前日までの期間内の日の属する各事業年度において法第64条第1項又は第2項本文（工事の請負に係る収益及び費用の帰属事業年度）の規定の適用を受けている場合には，当該工事に係る第1号に掲げる金額から第2号に掲げる金額を控除した金額を当該工事の請負に係る売掛債権等（売掛金，貸付金その他これらに準ずる金銭債権をいう。）の帳簿価額として，当該各事業年度の所得の金額を計算する。
　一　当該工事の請負に係る収益の額のうち，法第64条第1項又は第2項本文に規定する工事進行基準の方法により当該事業年度前の各事業年度の収益の額とされた金額及び当該事業年度の収益の額とされる金額の合計額（同項ただし書に規定する経理しなかつた決算に係る事業年度の翌事業年度以後の事業年度の収益の額を除く。）
　二　既に当該工事の請負の対価として支払われた金額（当該対価の額でまだ支払われていない金額のうち，当該対価の支払を受ける権利の移転により当該内国法人が当該対価の支払を受けない金額を含む。）

法人税法施行規則

$$\begin{pmatrix} 昭和40年3月31日大蔵省令第12号 \\ 最終改正：平成22年4月12日財務省令第33号 \end{pmatrix}$$

（更生計画認可の決定等に準ずる事由）
第25条の2　令第96条第1項第1号ニ（貸倒引当金勘定への繰入限度額）に規定する財務省令で定める事由は，法令の規定による整理手続によらない関係者の協議決定で次に掲げるものとする。
　一　債権者集会の協議決定で合理的な基準により債務者の負債整理を定めているもの
　二　行政機関，金融機関その他第三者のあつせんによる当事者間の協議により締結された契約でその内容が前号に準ずるもの

（更生手続開始の申立て等に準ずる事由）
第25条の3　令第96条第1項第3号ホ（貸倒引当金勘定への繰入限度額）に規定する財務省令で定める事由は，手形交換所（手形交換所のない地域にあつては，当該地域において手形交換業務を行う銀行団を含む。）による取引停止処分とする。

資 料 編

（保存書類）
第25条の４　令第96条第４項（貸倒引当金勘定への繰入限度額）に規定する財務省令で定める書類は，次に掲げる書類とする。
　一　令第96条第１項各号に規定する事由が生じていることを証する書類
　二　担保権の実行，保証債務の履行その他により取立て又は弁済の見込みがあると認められる部分の金額がある場合には，その金額を明らかにする書類
　3　その他参考となるべき書類

租税特別措置法

$$\begin{pmatrix} 昭和32年３月31日法律第26号 \\ 最終改正：平成22年５月19日法律第34号 \end{pmatrix}$$

（中小企業等の貸倒引当金の特例）
第57条の10　法人（法人税法第２条第９号に規定する普通法人のうち各事業年度終了の時において資本金の額又は出資金の額が１億円を超えるもの及び同法第66条第６項第２号に掲げる法人に該当するもの並びに保険業法に規定する相互会社及びこれに準ずるものとして政令で定めるものを除く。次項において同じ。）が法人税法第52条第２項の規定の適用を受ける場合には，同項の規定にかかわらず，当該事業年度終了の時における同項に規定する一括評価金銭債権（当該法人が当該法人との間に連結完全支配関係がある連結法人に対して有する金銭債権を除く。次項において同じ。）の帳簿価額（政令で定める金銭債権にあつては，政令で定める金額を控除した残額。次項において同じ。）の合計額に政令で定める割合を乗じて計算した金額をもつて，同項に規定する政令で定めるところにより計算した金額とすることができる。
2　法人が法人税法第52条第６項の規定の適用を受ける場合には，同項の規定にかかわらず，同項に規定する適格分割等の直前の時を事業年度終了の時とした場合における当該適格分割等により移転する一括評価金銭債権の帳簿価額の合計額に政令で定める割合を乗じて計算した金額をもつて，同項に規定する一括貸倒引当金繰入限度額に相当する金額とすることができる。
3　法人税法第２条第６号に規定する公益法人等又は同条第７号に規定する協同組合等の平成10年４月１日から平成23年３月31日までの間に開始する各事業年度の所得の金額に係る同法第52条第２項又は第６項の規定の適用については，同条第２項中「計算した金額（第６項」とあるのは，「計算した金額（当該内国法人が租税特別措置法第57条の10第１項又は第２項（中小企業等の貸倒引当金の特例）の規定の適用を受ける場合には，

関係法令（抄）

同条第1項又は第2項に規定する政令で定める割合を乗じて計算した金額）の100分の116に相当する金額（第6項」とする。

租税特別措置法施行令

$$\begin{pmatrix}\text{昭和32年3月31日政令第43号}\\ \text{最終改正：平成22年9月29日政令第206号}\end{pmatrix}$$

（中小企業の貸倒引当金の特例）

第33条の9 法第57条の10第1項に規定する相互会社に準ずるものとして政令で定めるものは，保険業法第2条第10項に規定する外国相互会社とする。

2 　法第57条の10第1項に規定する政令で定める金銭債権は，その債務者から受け入れた金額があるためその全部又は一部が実質的に債権とみられない金銭債権とし，同項に規定する政令で定める金額は，その債権とみられない部分の金額に相当する金額とする。

3 　平成10年4月1日に存する法人（同日後平成13年3月31日までの間に行われた合併又は適格合併に係る合併法人にあつては，当該法人及び当該合併又は当該適格合併に係る被合併法人のすべて（当該合併又は当該適格合併が法人を設立する合併である場合にあつては，当該合併又は当該適格合併に係る被合併法人のすべて）が平成10年4月1日に存していた合併法人に限る。）は，前項の規定にかかわらず，法第57条の10第1項に規定する政令で定める金銭債権は第1号に掲げる金銭債権とし，同項に規定する政令で定める金額は第2号に掲げる金額とすることができる。

一　当該法人の当該事業年度終了の時における法第57条の10第1項の一括評価金銭債権（次号において「一括評価金銭債権」という。）のすべて

二　当該法人の当該事業年度終了の時における一括評価金銭債権の額に，平成10年4月1日から平成12年3月31日までの間に開始した各事業年度終了の時における一括評価金銭債権の額の合計額（平成10年4月1日後平成13年3月31日までの間に合併をした法人又は適格合併をした法人については，当該各事業年度終了の時において当該合併又は当該適格合併に係る合併法人及び被合併法人がそれぞれ有していた一括評価金銭債権の額の合計額）のうちに当該各事業年度終了の時における前項に規定する債権とみられない部分の金額の合計額の占める割合（当該割合に小数点以下3位未満の端数があるときは，これを切り捨てる。）を乗じて計算した金額

4 　法第57条の10第1項及び第2項に規定する政令で定める割合は，これらの規定の法人の営む主たる事業が次の各号に掲げる事業のいずれに該当するかに応じ当該各号に定める割合とする。

資 料 編

一 卸売及び小売業（飲食店業及び料理店業を含むものとし，第4号に掲げる割賦販売小売業を除く。）1,000分の10
二 製造業（電気業，ガス業，熱供給業，水道業及び修理業を含む。）1,000分の8
三 金融及び保険業 1,000分の3
四 割賦販売小売業（割賦販売法（昭和36年法律第159号）第2条第1項第1号に規定する割賦販売の方法により行う小売業をいう。）並びに包括信用購入あつせん業（同条第3項に規定する包括信用購入あつせん（同項第1号に掲げるものに限る。）を行う事業をいう。）及び個別信用購入あつせん業（同条第4項に規定する個別信用購入あつせんを行う事業をいう。）1,000分の13
五 前各号に掲げる事業以外の事業 1,000分の6

法人税基本通達

（子会社等を整理する場合の損失負担等）

9－4－1 法人がその子会社等の解散，経営権の譲渡等に伴い当該子会社等のために債務の引受けその他の損失負担又は債権放棄等（以下9－4－1において「損失負担等」という。）をした場合において，その損失負担等をしなければ今後より大きな損失を蒙ることになることが社会通念上明らかであると認められるためやむを得ずその損失負担等をするに至った等そのことについて相当な理由があると認められるときは，その損失負担等により供与する経済的利益の額は，寄附金の額に該当しないものとする。（昭55年直法2－8「33」により追加，平10年課法2－6により改正）

（注）子会社等には，当該法人と資本関係を有する者のほか，取引関係，人的関係，資金関係等において事業関連性を有する者が含まれる（以下9－4－2において同じ。）。

（子会社等を再建する場合の無利息貸付け等）

9－4－2 法人がその子会社等に対して金銭の無償若しくは通常の利率よりも低い利率での貸付け又は債権放棄等（以下9－4－2において「無利息貸付け等」という。）をした場合において，その無利息貸付け等が例えば業績不振の子会社等の倒産を防止するためにやむを得ず行われるもので合理的な再建計画に基づくものである等その無利息貸付け等をしたことについて相当な理由があると認められるときは，その無利息貸付け等により供与する経済的利益の額は，寄附金の額に該当しないものとする。（昭55年直法2－8「33」により追加，平10年課法2－6により改正）

関係法令（抄）

(注) 合理的な再建計画かどうかについては，支援額の合理性，支援者による再建管理の有無，支援者の範囲の相当性及び支援割合の合理性等について，個々の事例に応じ，総合的に判断するのであるが，例えば，利害の対立する複数の支援者の合意により策定されたものと認められる再建計画は，原則として，合理的なものと取り扱う。

（金銭債権の全部又は一部の切捨てをした場合の貸倒れ）

9－6－1　法人の有する金銭債権について次に掲げる事実が発生した場合には，その金銭債権の額のうち次に掲げる金額は，その事実の発生した日の属する事業年度において貸倒れとして損金の額に算入する。（昭55年直法2－15「15」，平10年課法2－7「13」，平11年課法2－9「14」，平12年課法2－19「14」，平16年課法2－14「11」，平17年課法2－14「12」，平19年課法2－3「25」，平22年課法2－1「21」により改正）
(1)　更生計画認可の決定又は再生計画認可の決定があった場合において，これらの決定により切り捨てられることとなった部分の金額
(2)　特別清算に係る協定の認可の決定があった場合において，この決定により切り捨てられることとなった部分の金額
(3)　法令の規定による整理手続によらない関係者の協議決定で次に掲げるものにより切り捨てられることとなった部分の金額
　　イ　債権者集会の協議決定で合理的な基準により債務者の負債整理を定めているもの
　　ロ　行政機関又は金融機関その他の第三者のあっせんによる当事者間の協議により締結された契約でその内容がイに準ずるもの
(4)　債務者の債務超過の状態が相当期間継続し，その金銭債権の弁済を受けることができないと認められる場合において，その債務者に対し書面により明らかにされた債務免除額

（回収不能の金銭債権の貸倒れ）

9－6－2　法人の有する金銭債権につき，その債務者の資産状況，支払能力等からみてその全額が回収できないことが明らかになった場合には，その明らかになった事業年度において貸倒れとして損金経理をすることができる。この場合において，当該金銭債権について担保物があるときは，その担保物を処分した後でなければ貸倒れとして損金経理をすることはできないものとする。（昭55年直法2－15「15」，平10年課法2－7「13」により改正）
(注)　保証債務は，現実にこれを履行した後でなければ貸倒れの対象にすることはできないことに留意する。

資料編

（一定期間取引停止後弁済がない場合等の貸倒れ）

9－6－3　債務者について次に掲げる事実が発生した場合には，その債務者に対して有する売掛債権（売掛金，未収請負金その他これらに準ずる債権をいい，貸付金その他これに準ずる債権を含まない。以下9－6－3において同じ。）について法人が当該売掛債権の額から備忘価額を控除した残額を貸倒れとして損金経理をしたときは，これを認める。（昭46年直審（法）20「6」，昭55年直法2－15「15」により改正）

(1)　債務者との取引を停止した時（最後の弁済期又は最後の弁済の時が当該停止をした時以後である場合には，これらのうち最も遅い時）以後1年以上経過した場合（当該売掛債権について担保物のある場合を除く。）

(2)　法人が同一地域の債務者について有する当該売掛債権の総額がその取立てのために要する旅費その他の費用に満たない場合において，当該債務者に対し支払を督促したにもかかわらず弁済がないとき

　　（注）　(1)の取引の停止は，継続的な取引を行っていた債務者につきその資産状況，支払能力等が悪化したためその後の取引を停止するに至った場合をいうのであるから，例えば不動産取引のようにたまたま取引を行った債務者に対して有する当該取引に係る売掛債権については，この取扱いの適用はない。

（資産に計上した入会金の処理）

9－7－12　法人が資産に計上した入会金については償却を認めないものとするが，ゴルフクラブを脱退してもその返還を受けることができない場合における当該入会金に相当する金額及びその会員たる地位を他に譲渡したことにより生じた当該入会金に係る譲渡損失に相当する金額については，その脱退をし，又は譲渡をした日の属する事業年度の損金の額に算入する。（昭55年直法2－15「16」，平12年課法2－7「17」，平16年課法2－14「12」により改正）

　　（注）　預託金制ゴルフクラブのゴルフ会員権については，退会の届出，預託金の一部切捨て，破産手続開始の決定等の事実に基づき預託金返還請求権の全部又は一部が顕在化した場合において，当該顕在化した部分については，金銭債権として貸倒損失及び貸倒引当金の対象とすることができることに留意する。

（個別評価金銭債権に係る貸倒引当金と一括評価金銭債権に係る貸倒引当金との関係）

11－2－1の2　法第52条第1項《貸倒引当金》に規定する個別評価金銭債権に係る貸倒引当金の繰入限度額の計算と同条第2項に規定する一括評価金銭債権に係る貸倒引当金の繰入限度額の計算は，それぞれ別に計算することとされていることから，例えば，個別評価金銭債権に係る貸倒引当金の繰入額に繰入限度超過額があり，他方，一括評価金銭

関係法令（抄）

銭債権に係る貸倒引当金の繰入額が繰入限度額に達していない場合であっても、当該繰入限度超過額を当該一括評価金銭債権に係る貸倒引当金の繰入額として取り扱うことはできないことに留意する。（平15年課法2－7「33」により追加）

（貸倒損失の計上と個別評価金銭債権に係る貸倒引当金の繰入れ）
11－2－2　法第52条第1項《貸倒引当金》の規定の適用に当たり、確定申告書に「個別評価金銭債権に係る貸倒引当金の損金算入に関する明細書」が添付されていない場合であっても、それが貸倒損失を計上したことに基因するものであり、かつ、当該確定申告書の提出後に当該明細書が提出されたときは、同条第4項の規定を適用し、当該貸倒損失の額を当該債務者についての個別評価金銭債権に係る貸倒引当金の繰入れに係る損金算入額として取り扱うことができるものとする。（平12年課法2－7「18」により追加、平14年課法2－1「26」により改正）
（注）　本文の適用は、同条第1項の規定に基づく個別評価金銭債権に係る貸倒引当金の繰入れに係る損金算入額の認容であることから、同項の規定の適用に関する疎明資料の保存がある場合に限られる。

（担保権の実行により取立て等の見込みがあると認められる部分の金額）
11－2－5　令第96条第1項第1号及び第3号《貸倒引当金勘定への繰入限度額》に規定する担保権の実行により取立て等の見込みがあると認められる部分の金額とは、質権、抵当権、所有権留保、信用保険等によって担保されている部分の金額をいうことに留意する。（平10年課法2－7「15」により追加）

（相当期間の意義）
11－2－6　令第96条第1項第2号《貸倒引当金勘定への繰入限度額》に規定する「債務者につき、債務超過の状態が相当期間継続し、かつ、その営む事業に好転の見通しがないこと」における「相当期間」とは、「おおむね1年以上」とし、その債務超過に至った事情と事業好転の見通しをみて、同号に規定する事由が生じているかどうかを判定するものとする。（平10年課法2－15「3」により追加、平14年課法2－1「26」により改正）

（人的保証に係る回収可能額の算定）
11－2－7　令第96条第1項第2号《貸倒引当金勘定への繰入限度額》に規定する「当該個別評価金銭債権の一部の金額につきその取立て等の見込みがないと認められる場合」における「当該一部の金額に相当する金額」とは、その金銭債権の額から担保物の処分

資 料 編

による回収可能額及び人的保証に係る回収可能額などを控除して算定するのであるが，次に掲げる場合には，人的保証に係る回収可能額の算定上，回収可能額を考慮しないことができる。(平10年課法2－15「3」により追加，平14年課法2－1「26」により改正)

(1) 保証債務の存否に争いのある場合で，そのことにつき相当の理由のあるとき
(2) 保証人が行方不明で，かつ，当該保証人の有する資産について評価額以上の質権，抵当権(以下11－2－7において「質権等」という。)が設定されていること等により当該資産からの回収が見込まれない場合
(3) 保証人について令第96条第1項第3号《貸倒引当金勘定への繰入限度額》に掲げる事由が生じている場合
(4) 保証人が生活保護を受けている場合(それと同程度の収入しかない場合を含む。)で，かつ，当該保証人の有する資産について評価額以上の質権等が設定されていること等により当該資産からの回収が見込まれないこと。
(5) 保証人が個人であって，次のいずれにも該当する場合
　イ　当該保証人が有する資産について評価額以上の質権等が設定されていること等により，当該資産からの回収が見込まれないこと。
　ロ　当該保証人の年収額(その事業年度終了の日の直近1年間における収入金額をいう。)が当該保証人に係る保証債務の額の合計額(当該保証人の保証に係る金銭債権につき担保物がある場合には当該金銭債権の額から当該担保物の価額を控除した金額をいう。以下11－2－7において同じ。)の5％未満であること。
　(注)1　当該保証人に係る保証債務の額の合計額には，当該保証人が他の債務者の金銭債権につき保証をしている場合には，当該他の債務者の金銭債権に係る保証債務の額の合計額を含めることができる。
　　　2　上記ロの当該保証人の年収額については，その算定が困難であるときは，当該保証人の前年(当該事業年度終了の日を含む年の前年をいう。)分の収入金額とすることができる。

(担保物の処分以外に回収が見込まれない場合等の個別評価金銭債権に係る貸倒引当金の繰入れ)

11－2－8　令第96条第1項第2号《貸倒引当金勘定への繰入限度額》に規定する「その他の事由が生じていることにより，当該個別評価金銭債権の一部の金額につきその取立て等の見込みがないと認められる場合」には，次に掲げる場合が含まれることに留意する。この場合において，同号に規定するその取立て等の見込みがないと認められる金額とは，当該回収できないことが明らかになった金額又は当該未収利息として計上した金

関係法令（抄）

額をいう。(平10年課法2－7「15」により追加，平10年課法2－15「3」，平12年課法2－7「18」，平14年課法2－1「26」，平15年課法2－7「33」により改正)
(1) 法人の有するその金銭債権の額のうち担保物の処分によって得られると見込まれる金額以外の金額につき回収できないことが明らかになった場合において，その担保物の処分に日時を要すると認められるとき
(2) 貸付金又は有価証券（以下この(2)において「貸付金等」という。）に係る未収利息を資産に計上している場合において，当該計上した事業年度（その事業年度が連結事業年度に該当する場合には，当該連結事業年度）終了の日（当該貸付金等に係る未収利息を2以上の事業年度において計上しているときは，これらの事業年度のうち最終の事業年度終了の日）から2年を経過した日の前日を含む事業年度終了の日までの期間に，各種の手段を活用した支払の督促等の回収の努力をしたにもかかわらず，当該期間内に当該貸付金等に係る未収利息（当該資産に計上している未収利息以外の利息の未収金を含む。）につき，債務者が債務超過に陥っている等の事由からその入金が全くないとき

（実質的に債権とみられない部分）
11－2－9　令第96条第1項第3号《貸倒引当金勘定への繰入限度額》に規定する「当該個別評価金銭債権の額のうち，当該債務者から受け入れた金額があるため実質的に債権とみられない部分の金額」とは，次に掲げるような金額がこれに該当する。(平10年課法2－7「15」により追加，平14年課法2－1「26」により改正)
(1) 同一人に対する売掛金又は受取手形と買掛金がある場合のその売掛金又は受取手形の金額のうち買掛金の金額に相当する金額
(2) 同一人に対する売掛金又は受取手形と買掛金がある場合において，当該買掛金の支払のために他から取得した受取手形を裏書譲渡したときのその売掛金又は受取手形の金額のうち当該裏書譲渡した手形（支払期日の到来していないものに限る。）の金額に相当する金額
(3) 同一人に対する売掛金とその者から受け入れた営業に係る保証金がある場合のその売掛金の額のうち保証金の額に相当する金額
(4) 同一人に対する売掛金とその者から受け入れた借入金がある場合のその売掛金の額のうち借入金の額に相当する金額
(5) 同一人に対する完成工事の未収金とその者から受け入れた未成工事に対する受入金がある場合のその未収金の額のうち受入金の額に相当する金額
(6) 同一人に対する貸付金と買掛金がある場合のその貸付金の額のうち買掛金の額に相当する金額

資 料 編

(7) 使用人に対する貸付金とその使用人から受け入れた預り金がある場合のその貸付金の額のうち預り金の額に相当する金額
(8) 専ら融資を受ける手段として他から受取手形を取得し，その見合いとして借入金を計上した場合のその受取手形の金額のうち借入金の額に相当する金額
(9) 同一人に対する未収地代家賃とその者から受け入れた敷金がある場合のその未収地代家賃の額のうち敷金の額に相当する金額

(第三者の振り出した手形)
11－2－10 令第96条第1項第3号《貸倒引当金勘定への繰入限度額》の規定を適用する場合において，法人が債務者から他の第三者の振り出した手形（債務者の振り出した手形で第三者の引き受けたものを含む。）を受け取っている場合における当該手形の金額に相当する金額は，取立て等の見込みがあると認められる部分の金額に該当することに留意する。（平10年課法2－7「15」により追加，平14年課法2－1「26」により改正）

(手形交換所の取引停止処分)
11－2－11 法人の各事業年度終了の日までに債務者の振り出した手形が不渡りとなり，当該事業年度分に係る確定申告書の提出期限（法第75条の2《確定申告書の提出期限の延長の特例》の規定によりその提出期限が延長されている場合には，その延長された期限）までに当該債務者について規則第25条の3《更生手続開始の申立て等に準ずる事由》に規定する手形交換所による取引停止処分が生じた場合には，当該事業年度において令第96条第1項第3号《貸倒引当金勘定への繰入限度額》の規定を適用することができる。（平10年課法2－7「15」により追加，平14年課法2－1「26」により改正）

(国外にある債務者)
11－2－12 国外にある債務者について，令第96条第1項第1号又は第3号《貸倒引当金勘定への繰入限度額》に掲げる事由に類する事由が生じた場合には，これらの規定の適用があることに留意する。（平10年課法2－7「15」により追加，平14年課法2－1「26」により改正）

(売掛金，貸付金に準ずる債権)
11－2－16 法第52条第2項《貸倒引当金》に規定する「その他これらに準ずる金銭債権」には，次のような債権が含まれる。（昭55年直法2－15「24」，平10年課法2－7「15」，平14年課法2－1「26」，平15年課法2－7「33」，平22年課法2－1「23」により改正）

関係法令(抄)

(1) 未収の譲渡代金,未収加工料,未収請負金,未収手数料,未収保管料,未収地代家賃等又は貸付金の未収利子で,益金の額に算入されたもの
(2) 他人のために立替払をした場合の立替金(11-2-18の(4)に該当するものを除く。)
(3) 未収の損害賠償金で益金の額に算入されたもの
(4) 保証債務を履行した場合の求償権
(5) 法第81条の18第1項《連結法人税の個別帰属額の計算》に規定する「法人税の負担額」又は「法人税の減少額」として帰せられる金額に係る未収金(当該法人との間に連結完全支配関係がある連結法人に対して有するものを除く。)
(注) 法人がその有する売掛金,貸付金等の債権について取得した先日付小切手を同項に規定する金銭債権に含めている場合には,その計算を認める。

(売掛債権等に該当しない債権)
11-2-18 次に掲げるようなものは,売掛債権等には該当しない。(昭50年直法2-21「27」,昭55年直法2-15「24」,昭60年直法2-11「3」,昭63年直法2-14「6」,平10年課法2-7「15」,平12年課法2-7「18」,平14年課法2-1「26」により改正)
(1) 預貯金及びその未収利子,公社債の未収利子,未収配当その他これらに類する債権
(2) 保証金,敷金(借地権,借家権等の取得等に関連して無利息又は低利率で提供した建設協力金等を含む。),預け金その他これらに類する債権
(3) 手付金,前渡金等のように資産の取得の代価又は費用の支出に充てるものとして支出した金額
(4) 前払給料,概算払旅費,前渡交際費等のように将来精算される費用の前払として一時的に仮払金,立替金等として経理されている金額
(5) 金融機関における他店為替貸借の決済取引に伴う未決済為替貸勘定の金額
(6) 証券会社又は証券金融会社に対し,借株の担保として差し入れた信用取引に係る株式の売却代金に相当する金額
(7) 雇用保険法,雇用対策法,障害者の雇用の促進等に関する法律等の法令の規定に基づき交付を受ける給付金等の未収金
(8) 仕入割戻しの未収金
(9) 保険会社における代理店貸勘定(外国代理店貸勘定を含む。)の金額
(10) 法第61条の5第1項《デリバティブ取引に係る利益相当額の益金算入等》に規定する未決済デリバティブ取引に係る差金勘定等の金額
(11) 法人がいわゆる特定目的会社(SPC)を用いて売掛債権等の証券化を行った場合において,当該特定目的会社の発行する証券等のうち当該法人が保有することとなったもの

資 料 編

(注) 仮払金等として計上されている金額については，その実質的な内容に応じて売掛債権等に該当するかどうかを判定することに留意する。

(割賦未収金等)

11－2－19 法人が長期割賦販売等に該当する資産の販売等に係る収益について延払基準を適用している場合には，当該長期割賦販売等により生じた割賦未収金等は売掛債権等に該当するものとする。この場合において，法人が各事業年度終了の時において履行期日の到来しない部分を割賦未収金等としないで棚卸資産等として経理しているときであっても，その棚卸資産等の帳簿価額に相当する金額は売掛債権等の額に該当するものとする。(平10年課法2－7「15」，平14年課法2－1「26」，平15年課法2－22「11」により改正)

(リース取引に係る売掛債権等)

11－2－20 法第64条の2第1項《リース取引に係る所得の金額の計算》により売買があったものとされたリース取引に係るリース料のうち，当該事業年度終了の時において支払期日の到来していないリース料の額の合計額は売掛債権等に該当するものとする。(平19年課法2－17「21」により追加，平20年課法2－5「23」により改正)

(返品債権特別勘定を設けている場合の売掛債権等の額)

11－2－21 出版業を営む法人が返品債権特別勘定を設けている場合の売掛債権等の金額は，当該事業年度終了の時における売掛債権等の金額から当該返品債権特別勘定の金額に相当する金額を控除した金額によることに留意する。(平10年課法2－7「15」，平14年課法2－1「26」により改正)

(貸倒損失の範囲－返品債権特別勘定の繰入額等)

11－2－22 次に掲げるような金額は，令第96条第2項第2号イに規定する売掛債権等の貸倒れによる損失の額には含まれない。(昭54年直法2－31「6」により追加，昭59年直法2－3「7」，平10年課法2－7「15」，平12年課法2－7「18」，平14年課法2－1「26」により改正)
(1) 9－6－4《返品債権特別勘定の設定》により返品債権特別勘定に繰り入れた金額
(2) 外貨建ての債権の換算による損失の額
(3) 売掛債権等の貸倒れによる損失の額のうち保険金等により補てんされた部分の金額

関係法令（抄）

（非更生債権等の処理）

14－3－7　債権法人が更生会社等に対して有する債権で指定された期限までに裁判所に届け出なかったため更生計画に係る更生債権とされなかったものについては，その金額を当該更生計画認可の決定のあった日において貸倒れとすることができる。

更生計画の定めるところにより交付を受けた募集株式，設立時募集株式若しくは募集新株予約権又は出資若しくは基金の拠出（以下「募集株式等」という。）の割当てを受ける権利について当該募集株式等の引受け等の申込みをしなかったこと又はこれらの権利に係る株主となる権利若しくは新株予約権について払込期日までに払込みをしなかったためこれらの権利を失うことになった場合についても，同様とする。（平11年課法2－9「20」，平14年課法2－1「36」，平17年課法2－14「16」，平19年課法2－3「40」により改正）

租税特別措置法関係通達（抄）

（実質的に債権とみられないもの）

57の10－1　措置法令第33条の9第2項に規定する「その債務者から受け入れた金額があるためその全部又は一部が実質的に債権とみられない金銭債権」には，債務者から受け入れた金額がその債務者に対し有する金銭債権と相殺適状にあるものだけでなく，金銭債権と相殺的な性格をもつもの及びその債務者と相互に融資しているもの等である場合のその債務者から受け入れた金額に相当する金銭債権も含まれるのであるから，次に掲げるような金額はこれに該当する。（平10年課法2－7「3」により追加，平19年課法2－3「34」により改正）

(1)　同一人に対する売掛金又は受取手形と買掛金又は支払手形がある場合のその売掛金又は受取手形の金額のうち買掛金又は支払手形の金額に相当する金額

(2)　同一人に対する売掛金又は受取手形と買掛金がある場合において，当該買掛金の支払のために他から取得した受取手形を裏書譲渡したときのその売掛金又は受取手形の金額のうち当該裏書譲渡した手形（支払期日の到来していないものに限る。）の金額に相当する金額

(3)　同一人に対する売掛金とその者から受け入れた営業に係る保証金がある場合のその売掛金の額のうち保証金の額に相当する金額

(4)　同一人に対する売掛金とその者から受け入れた借入金がある場合のその売掛金の額のうち借入金の額に相当する金額

(5)　同一人に対する完成工事の未収金とその者から受け入れた未成工事に対する受入金

資 料 編

がある場合のその未収金の額のうち受入金の額に相当する金額
(6) 同一人に対する貸付金と買掛金がある場合のその貸付金の額のうち買掛金の額に相当する金額
(7) 使用人に対する貸付金とその使用人から受け入れた預り金がある場合のその貸付金の額のうち預り金の額に相当する金額
(8) 専ら融資を受ける手段として他から受取手形を取得し、その見合いとして借入金を計上した場合又は支払手形を振り出した場合のその受取手形の金額のうち借入金又は支払手形の金額に相当する金額
(9) 同一人に対する未収地代家賃とその者から受け入れた敷金がある場合のその未収地代家賃の額のうち敷金の額に相当する金額

（実質的に債権とみられないものの簡便計算）
57の10－2　措置法令第33条の9第3項の規定は、平成10年4月1日から平成12年3月31日までの期間内に開始した各事業年度において貸倒引当金を設けていたかどうかに関係なく適用があることに留意する。（平10年課法2－7「3」により追加、平14年課法2－1「40」、平19年課法2－3「34」により改正）

（適用事業区分）
57の10－3　法人の営む事業が措置法令第33条の9第4項に掲げる事業のうちいずれの事業に該当するかは、別に定めるものを除き、おおむね日本標準産業分類（総務省）の分類を基準として判定する。（平10年課法2－7「3」により追加、平12年課法1－49、平19年課法2－3「34」により改正）
(注)1　自動車販売業において、業務用に主として使用される自動車の販売は原則的には卸売業に該当するが、この自動車の販売であっても1取引が少量又は少額である場合には、その販売の事業は小売業に分類しても差し支えない。
　　2　木材市場を営む法人で実質的に買取販売を行っていると認められるものは、「卸売業及び小売業」を営んでいるものとして判定する。

（主たる事業の判定基準）
57の10－4　法人が措置法令第33条の9第4項に掲げる事業の2以上を兼営している場合における貸倒引当金勘定への繰入限度額は、主たる事業について定められている割合により計算し、それぞれの事業ごとに区分して計算するのではないことに留意する。この場合において、いずれの事業が主たる事業であるかは、それぞれの事業に属する収入金額又は所得金額の状況、使用人の数等事業の規模を表わす事実、経常的な金銭債権の多

関係法令（抄）

寡等を総合的に勘案して判定する。（平10年課法2－7「3」により追加，平19年課法2－3「34」により改正）
（注）　法人が2以上の事業を兼営している場合に，当該2以上の事業のうち一の事業を主たる事業として判定したときは，その判定の基礎となった事実に著しい変動がない限り，継続して当該一の事業を主たる事業とすることができる。

民　法

$$\begin{pmatrix} 明治29年4月27日法律第89号 \\ 最終改正：平成18年6月21日法律第78号 \end{pmatrix}$$

（条件が成就した場合の効果）
第127条　停止条件付法律行為は，停止条件が成就した時からその効力を生ずる。

（委託を受けた保証人の求償権）
第459条　保証人が主たる債務者の委託を受けて保証をした場合において，過失なく債権者に弁済をすべき旨の裁判の言渡しを受け，又は主たる債務者に代わって弁済をし，その他自己の財産をもって債務を消滅させるべき行為をしたときは，その保証人は，主たる債務者に対して求償権を有する。
2　第442条第2項の規定は，前項の場合について準用する。

会 社 法

$$\begin{pmatrix} 平成17年7月26日法律第86号 \\ 最終改正：平成21年7月10日法律第74号 \end{pmatrix}$$

（特別清算開始の原因）
第510条　裁判所は，清算株式会社に次に掲げる事由があると認めるときは，第514条の規定に基づき，申立てにより，当該清算株式会社に対し特別清算の開始を命ずる。
一　清算の遂行に著しい支障を来すべき事情があること。
二　債務超過（清算株式会社の財産がその債務を完済するのに足りない状態をいう。次条第2項において同じ。）の疑いがあること。

資料編

会社更生法

平成14年12月13日法律第154号
最終改正：平成21年3月31日法律第13号

（目的）
第1条 この法律は，窮境にある株式会社について，更生計画の策定及びその遂行に関する手続を定めること等により，債権者，株主その他の利害関係人の利害を適切に調整し，もって当該株式会社の事業の維持更生を図ることを目的とする。

（定義）
第2条
10　この法律において「更生担保権」とは，更生手続開始当時更生会社の財産につき存する担保権（特別の先取特権，質権，抵当権及び商法（明治32年法律第48号）又は会社法（平成17年法律第86号）の規定による留置権に限る。）の被担保債権であって更生手続開始前の原因に基づいて生じたもの又は第8項各号に掲げるもの（共益債権であるものを除く。）のうち，当該担保権の目的である財産の価額が更生手続開始の時における時価であるとした場合における当該担保権によって担保された範囲のものをいう。ただし，当該被担保債権（社債を除く。）のうち利息又は不履行による損害賠償若しくは違約金の請求権の部分については，更生手続開始後1年を経過する時（その時までに更生計画認可の決定があるときは，当該決定の時）までに生ずるものに限る。

（更生債権等の届出）
第138条 更生手続に参加しようとする更生債権者は，債権届出期間（第42条第1項の規定により定められた更生債権等の届出をすべき期間をいう。）内に，次に掲げる事項を裁判所に届け出なければならない。
　一　各更生債権の内容及び原因
　二　一般の優先権がある債権又は約定劣後更生債権であるときは，その旨
　三　各更生債権についての議決権の額
　四　前3号に掲げるもののほか，最高裁判所規則で定める事項
2　更生手続に参加しようとする更生担保権者は，前項に規定する債権届出期間内に，次に掲げる事項を裁判所に届け出なければならない。
　一　各更生担保権の内容及び原因
　二　担保権の目的である財産及びその価額
　三　各更生担保権についての議決権の額

関係法令（抄）

（更生計画認可の要件等）
第199条
6　更生計画の認可又は不認可の決定があった場合には，その主文，理由の要旨及び更生計画又はその要旨を公告しなければならない。

（更生債権等の免責等）
第204条　更生計画認可の決定があったときは，次に掲げる権利を除き，更生会社は，すべての更生債権等につきその責任を免れ，株主の権利及び更生会社の財産を目的とする担保権はすべて消滅する。
　一　更生計画の定め又はこの法律の規定によって認められた権利
　二　更生手続開始後に更生会社の取締役等（取締役，会計参与，監査役，代表取締役，執行役，代表執行役，清算人又は代表清算人をいう。）又は使用人であった者で，更生計画認可の決定後も引き続きこれらの職に在職しているものの退職手当の請求権
　三　第142条第2号に規定する更生手続開始前の罰金等の請求権
　四　租税等の請求権のうち，これを免れ，若しくは免れようとし，不正の行為によりその還付を受け，又は徴収して納付し，若しくは納入すべきものを納付せず，若しくは納入しなかったことにより，更生手続開始後懲役若しくは罰金に処せられ，又は国税犯則取締法（明治33年法律第67号）第14条第1項（地方税法（昭和25年法律第226号）において準用する場合を含む。）の規定による通告の旨を履行した場合における，免れ，若しくは免れようとし，還付を受け，又は納付せず，若しくは納入しなかった額の租税等の請求権で届出のないもの

民事再生法

$$\begin{pmatrix}\text{平成11年12月22日法律第225号}\\\text{最終改正：平成18年6月21日法律第84号}\end{pmatrix}$$

（定義）
第2条　この法律において，次の各号に掲げる用語の意義は，それぞれ当該各号に定めるところによる。
　一　再生債務者　経済的に窮境にある債務者であって，その者について，再生手続開始の申立てがされ，再生手続開始の決定がされ，又は再生計画が遂行されているものを

資 料 編

　　　いう。
　二　再生債務者等　管財人が選任されていない場合にあっては再生債務者，管財人が選任されている場合にあっては管財人をいう。
　三　再生計画　再生債権者の権利の全部又は一部を変更する条項その他の第154条に規定する条項を定めた計画をいう。
　四　再生手続　次章以下に定めるところにより，再生計画を定める手続をいう。

（再生計画の認可又は不認可の決定）
第174条
4　再生計画の認可又は不認可の決定があった場合には，第115条第1項本文に規定する者に対して，その主文及び理由の要旨を記載した書面を送達しなければならない。

破 産 法

（平成16年6月2日法律第75号
最終改正：平成18年12月15日法律第109号）

（目的）
第1条　この法律は，支払不能又は債務超過にある債務者の財産等の清算に関する手続を定めること等により，債権者その他の利害関係人の利害及び債務者と債権者との間の権利関係を適切に調整し，もって債務者の財産等の適正かつ公平な清算を図るとともに，債務者について経済生活の再生の機会の確保を図ることを目的とする。

（免責許可の決定の効力等）
第253条　免責許可の決定が確定したときは，破産者は，破産手続による配当を除き，破産債権について，その責任を免れる。ただし，次に掲げる請求権については，この限りでない。
　一　租税等の請求権
　二　破産者が悪意で加えた不法行為に基づく損害賠償請求権
　三　破産者が故意又は重大な過失により加えた人の生命又は身体を害する不法行為に基づく損害賠償請求権（前号に掲げる請求権を除く。）
　四　次に掲げる義務に係る請求権
　　イ　民法第752条の規定による夫婦間の協力及び扶助の義務
　　ロ　民法第760条の規定による婚姻から生ずる費用の分担の義務

関係法令（抄）

　　ハ　民法第766条（同法第749条，第771条及び第788条において準用する場合を含む。）の規定による子の監護に関する義務
　　ニ　民法第877条から第880条までの規定による扶養の義務
　　ホ　イからニまでに掲げる義務に類する義務であって，契約に基づくもの
　五　雇用関係に基づいて生じた使用人の請求権及び使用人の預り金の返還請求権
　六　破産者が知りながら債権者名簿に記載しなかった請求権（当該破産者について破産手続開始の決定があったことを知っていた者の有する請求権を除く。）
　七　罰金等の請求権
２　免責許可の決定は，破産債権者が破産者の保証人その他破産者と共に債務を負担する者に対して有する権利及び破産者以外の者が破産債権者のために供した担保に影響を及ぼさない。

特定債務等の調整の促進のための特定調停に関する法律

$$\begin{pmatrix}平成11年12月17日法律第158号\\最終改正：平成15年7月25日法律第128号\end{pmatrix}$$

（目的）
第1条　この法律は，支払不能に陥るおそれのある債務者等の経済的再生に資するため，民事調停法（昭和26年法律第222号）の特例として特定調停の手続を定めることにより，このような債務者が負っている金銭債務に係る利害関係の調整を促進することを目的とする。

（定義）
第2条　この法律において「特定債務者」とは，金銭債務を負っている者であって，支払不能に陥るおそれのあるもの若しくは事業の継続に支障を来すことなく弁済期にある債務を弁済することが困難であるもの又は債務超過に陥るおそれのある法人をいう。
３　この法律において「特定調停」とは，特定債務者が民事調停法第2条の規定により申し立てる特定債務等の調整に係る調停であって，当該調停の申立ての際に次条第1項の規定により特定調停手続により調停を行うことを求める旨の申述があったものをいう。

（文書等の提出）
第12条　調停委員会は，特定調停のために特に必要があると認めるときは，当事者又は参加人に対し，事件に関係のある文書又は物件の提出を求めることができる。

資料編

(職権調査)
第13条　調停委員会は，特定調停を行うに当たり，職権で，事実の調査及び必要であると認める証拠調べをすることができる。

(調停委員会が提示する調停条項案)
第15条　調停委員会が特定調停に係る事件の当事者に対し調停条項案を提示する場合には，当該調停条項案は，特定債務者の経済的再生に資するとの観点から，公正かつ妥当で経済的合理性を有する内容のものでなければならない。

(民事調停法との関係)
第22条　特定調停については，この法律に定めるもののほか，民事調停法の定めるところによる。

民事調停法

（昭和26年6月9日法律第222号
　最終改正：平成16年12月3日法律第152号）

(調停の成立・効力)
第16条　調停において当事者間に合意が成立し，これを調書に記載したときは，調停が成立したものとし，その記載は，裁判上の和解と同一の効力を有する。

(異議の申立)
第18条
3　第1項の期間内に異議の申立がないときは，同項の決定は，裁判上の和解と同一の効力を有する。

《参 考 文 献》

1　窪田悟嗣編著「法人税基本通達逐条解説」(税務研究会出版局)
2　国税庁ホームページ　質疑応答事例
　⑴　ゴルフ場について会社更生法の申立てがあった場合のゴルフ会員権に対する貸倒引当金の計上
　⑵　ゴルフ会員権が金銭債権に転換する時期
　⑶　特定調停において弁済期限の延長等が行われた場合
　⑷　貸倒損失に該当する債権放棄（特定調停）
　⑸　法人税基本通達9－6－1⑶ロに該当する貸倒損失（特定調停）
　⑹　法人税基本通達9－6－1⑷に該当する貸倒損失（特定調停）
　⑺　ゴルフ会員権が分割された場合の取扱い
　⑻　ゴルフ会員権の預託金の一部が切り捨てられた場合の取扱い
3　内山裕著「貸倒れ」(ぎょうせい)
4　堀ノ内健二監修，野原武夫編著「貸倒れをめぐる税務」(新日本法規)
5　瀬戸口有雄著「貸倒損失の税務　二訂増補版」(税務研究会出版局)
6　瀬戸口有雄著「貸倒引当金の税務　四訂版」(税務研究会出版局)
7　中村慈美著「不良債権処理と再生の税務」(大蔵財務協会)
8　中村慈美編／曙橋税法研究会著「平成22年度版　法人税務重要事例集」(大蔵財務協会)
9　太田達也著「債権処理の税務・会計・法務」(税務研究会出版局)
10　森田政夫著「法人税事例選集」(清文社)
11　金井澄雄著「貸倒損失・貸倒引当」(中央経済社)
12　山口秀巳編「法人税決算と申告の実務」(大蔵財務協会)
13　山口秀巳編「図解法人税　平成22年度版」(大蔵財務協会)
14　小田嶋清治編「平成16年版　法人税質疑応答集」(大蔵財務協会)
15　「平成21年度版　改正税法のすべて」(大蔵財務協会)

16 「平成22年度版　改正税法のすべて」（大蔵財務協会）
17 東辻淳次編「寄附金の税務」（大蔵財務協会）
18 柴田　洋編著「法人税の決算調整・申告調整ハンドブック」（中央経済社）
19 宗田親彦著「破産法概説　新訂第四版」（慶応義塾大学出版会）
20 中島成総合法律事務所著「民事再生法の解説」（一橋出版）
21 河村好彦著「破産法の解説」（一橋出版）
22 松嶋英機著「民事再生法入門」（商事法務）
23 裁決事例集75　（大蔵財務協会）
24 今井康雅著　国税速報「法人税申告における留意すべき事項」（大蔵財務協会）
25 今井康雅著　税経通信「税務相談Ｑ＆Ａ」（税務経理協会）
26 今井康雅著「ケース・スタディ　評価損・譲渡損をめぐる法人税実務」（ぎょうせい）
27 今井康雅著「税務ＱＡ」2010年9月号
「個別評価金銭債権に係る貸倒引当金の繰入限度額の計算における支払手形の取扱い」（税務研究会）
28 今井康雅著「金銭債権の全部又は一部が法的に消滅した場合」『税経通信』2009年8月号（税務経理協会）

著 者 紹 介

今井　康雅（いまい　やすまさ）

税理士　一級ファイナンシャル・プランニング技能士　CFP®
中央大学法学部法律学科卒業
東京国税局調査第一部調査審理課係長，主査，東京国税不服審判所審査官（法規・審査担当），東京国税局調査第一部調査審理課国際調査審理官，東京国税局調査第一部特別国税調査官付総括主査等を経て，平成20年7月退職，同年8月税理士登録
「ケース・スタディ　評価損・譲渡損をめぐる法人税実務」（ぎょうせい），国税速報（大蔵財務協会），税理（ぎょうせい），税経通信（税務経理協会）などで法人税に関する執筆を行うとともに，セミナー講師も行っている。

著者との契約により検印省略

| 平成22年11月30日　初版発行 | **Q＆A 判断の難しい法人税実務**
貸倒損失・貸倒引当金 |

著　者	今　井　康　雅
発行者	大　坪　嘉　春
印刷所	税経印刷株式会社
製本所	株式会社　三森製本所

発行所　東京都新宿区下落合2丁目5番13号　株式会社 税務経理協会
郵便番号 161-0033　振替 00190-2-187408　電話(03)3953-3301(編集部)
　　　　　　　　　　FAX(03)3565-3391　　　(03)3953-3325(営業部)
URL http://www.zeikei.co.jp/
乱丁・落丁の場合はお取替えいたします。

ⓒ　今井康雅　2010　　　　　　　　　　　　　　　　Printed in Japan

本書を無断で複写複製（コピー）することは，著作権法上の例外を除き，禁じられています。本書をコピーされる場合は，事前に日本複写権センター（JRRC）の許諾を受けてください。
JRRC(http://www.jrrc.or.jp　eメール:info@jrrc.or.jp　電話:03-3401-2382)

ISBN978-4-419-05418-2　C3032